BANQUE DE FRANCE.

TABLE ANALYTIQUE

DES

DISPOSITIONS LÉGISLATIVES

QUI RÉGISSENT LA BANQUE.

TABLE ANALYTIQUE

DES

DISPOSITIONS LÉGISLATIVES

QUI RÉGISSENT LA BANQUE DE FRANCE.

NOTA. — Les STATUTS primitifs de l'an VIII étant entièrement abrogés, ne sont pas analysés.

ACTIONS.

ADMINISTRATEURS DE COMPTOIRS.

ADMINISTRATIONS
ET CONSEILS D'ADMINISTRATION DE COMPTOIRS.

BILAN. (*Voyez* **SITUATIONS**.)

BILLETS.

BONS DU TRÉSOR.

CAISSE DE RÉSERVE POUR LES EMPLOYÉS DE LA BANQUE.

un Arre̶̶̶té.

COMITÉS.

COMITÉ D'ESCOMPTE.

COMITÉ DES BILLETS.

COMITÉ DES LIVRES ET PORTEFEUILLES.

COMITÉ DES CAISSES.

COMITÉ DES RELATIONS
AVEC LE TRÉSOR ET LES RECEVEURS GÉNÉRAUX.

COMMISSIONS SPÉCIALES.

COMMUNES. (*Voyez* **PRÊTS AUX COMMUNES.**)

COMPTE ANNUEL DES OPÉRATIONS.

COMPTE RENDU. (*Voyez* **SITUATIONS**.)

COMPTES-COURANTS.

COMPTOIR D'ALGER.

COMPTOIRS D'ESCOMPTE.

CRÉATIONS DE SUCCURSALES.

CONSEILS D'ADMINISTRATION. (*Voyez* **ADMINISTRATIONS**.)

CONSEIL D'ESCOMPTE.

CONSEIL-D'ÉTAT.

CONSEIL-GÉNÉRAL.

COUPURES DES BILLETS.

COURS LÉGAL DES BILLETS.

DÉPARTEMENT DE LA SEINE.

DÉPOTS ENGAGÉS. (*Voyez* AVANCES SUR LINGOTS ET MONNAIES.)

DÉPOTS VOLONTAIRES.

DIRECTEURS DE COMPTOIRS.

ÉLECTION DES MEMBRES DU CONSEIL GÉNÉRAL ET DES ADMINISTRATEURS DES COMPTOIRS (MODE D').

EMPLOYÉS.

EMPRUNTS FAITS A LA BANQUE PAR L'ÉTAT, PAR LES COMMUNES.
(*Voyez* TRÉSOR PUBLIC.—PRÊTS AUX COMMUNES.)

ESCOMPTE.

ÉTAT (AVANCES A L'). (*Voyez* **TRÉSOR PUBLIC.**)

GOUVERNEMENT DE LA BANQUE.

MATIÈRES D'OR ET D'ARGENT.

MINISTRE DES FINANCES. (*Voyez* TRÉSOR PUBLIC.)

OPÉRATIONS.

OPPOSITION. (*Voyez* **COMPTES-COURANTS**.)

(Loi *du* 24 *Germinal an XI, art.* 33, *p.* 19).

PAIEMENT DES RENTES.

PENSIONS. *(Voyez* **CAISSE DE RÉSERVE**.)

PLACEMENTS DE LA BANQUE.

PRÊTS AUX COMMUNES.

PRIVILÉGE.

PUBLICATIONS.

RÉCÉPISSÉS DE DÉPOTS SUR MARCHANDISES.

RÉGENTS.

REGISTRE DES FAILLIS.

RENTES.

RÉSERVES.

RETRAITES. (*Voyez* **CAISSE DE RÉSERVE.**)

SERVICE DES RENTES. (*Voyez* **PAIEMENT DES RENTES.**)

SITUATIONS.

SOUS-GOUVERNEURS. (*Voyez* **GOUVERNEMENT DE LA BANQUE.**)

SUCCURSALES. (*Voyez* **COMPTOIRS.**)

TIMBRE.

TRANSFERTS.

TRÉSOR PUBLIC.

VILLES (PRÊTS AUX). (*Voyez* **PRÊTS AUX COMMUNES.**)

WARRANTS. (*Voyez* **RÉCÉPISSÉS DE DÉPOTS SUR MARCHANDISES.**)

FIN.

LÉGISLATION

RELATIVE

A LA BANQUE DE FRANCE.

RECUEIL

DES LOIS ET STATUTS

RELATIFS

A LA BANQUE DE FRANCE

DEPUIS 1800.

PARIS.

IMPRIMÉ PAR PLON FRÈRES,

36, RUE DE VAUGIRARD.

MDCCCLI

RECUEIL

DES LOIS ET STATUTS

LA BANQUE DE FRANCE

DEPUIS SON ORIGINE.

Extrait des registres des délibérations des Consuls de la République.

Paris, le 28 Nivôse an VIII de la République (18 janvier 1800).

LES CONSULS DE LA RÉPUBLIQUE, le Conseil-d'État entendu sur le renvoi à lui fait de la proposition du Ministre des Finances, arrêtent ce qui suit :

ARTICLE PREMIER.

Tous les fonds que recevra la Caisse d'Amortissement seront versés par elle à la Banque de France.

ARTICLE 2.

La moitié des fonds provenant des cautionnements à fournir par les receveurs généraux de département, en exécution de la Loi du 6 Frimaire dernier, sera portée en compte-courant au crédit de la Caisse d'Amortissement; l'autre moitié sera convertie en actions de la Banque inscrites au nom de la Caisse d'Amortissement.

1

Article 3.

Les obligations des receveurs généraux de département qui auront été protestées sur eux, seront visées par l'administration de la Caisse d'Amortissement, et ensuite remboursées par la Banque jusqu'à concurrence tant des fonds qui y auront été versés à titre d'actions, que de ceux qui existeraient alors dans ses caisses à titre de compte-courant.

Article 4.

Le recouvrement desdites obligations sera poursuivi par la Banque et à son profit, avec subrogation à tous les droits de la Nation.

Article 5.

Le Ministre des Finances est chargé de l'exécution du présent Arrêté, qui sera imprimé.

Le premier Consul, *signé :* **BONAPARTE.**

Par le premier Consul, le Secrétaire-d'État,

Signé : Hugues-B. MARET.

Pour copie conforme,

Le Ministre des Finances, *signé :* GAUDIN.

STATUTS PRIMITIFS
DE LA BANQUE DE FRANCE
AN VIII (1800).

Les soussignés, considérant que, par le résultat inévitable de la Révolution Française et d'une guerre longue et dispendieuse, la Nation a éprouvé le déplacement et la dispersion des fonds qui alimentaient son commerce, l'altération du crédit public et le ralentissement de la circulation de ses richesses ;

Que, dans des circonstances semblables, plusieurs Nations ont conjuré les mêmes maux et trouvé de grandes ressources dans des établissements de Banque ;

Que la Nation Française, familiarisée avec les plus grands efforts dans la conquête de la liberté, ne doit pas se laisser opprimer plus longtemps par des circonstances qu'il est en son pouvoir de maîtriser ;

Qu'enfin l'on doit attendre que l'intérêt privé et l'intérêt public concourront d'une manière prompte et puissante au succès de l'établissement projeté :

Ont résolu et arrêté les articles suivants comme statuts fondamentaux d'une Banque :

ARTICLE PREMIER.

Il sera établi une Banque publique sous la dénomination de BANQUE DE FRANCE. Les fonds en seront faits par actions.

ARTICLE 2.

Les opérations de la Banque commenceront au 1er Ventôse an VIII.

L'établissement ne se dissoudra que par le vœu des actionnaires réunissant plus des trois quarts en somme du fonds capital.

ARTICLE 3.

L'établissement, dont la durée est indéterminée, formera un corps moral, seul responsable des engagements de la Banque. Chaque actionnaire, en particulier, ne sera que simple bailleur de fonds.

ARTICLE 4.

Le fonds capital de la Banque de France sera de *trente millions de francs* en monnaie métallique; il sera divisé en *trente mille* actions de *mille francs* chacune.

Les actions de la Banque peuvent être acquises par des étrangers.

Le fonds capital pourra être augmenté par la suite, mais seulement par la création de nouvelles actions.

Tout appel de fonds sur les actionnaires est prohibé.

ARTICLE 5.

Les opérations de la Banque de France consisteront :

1° A escompter des lettres de change et billets à ordre revêtus de trois signatures de citoyens français, et de négociants étrangers ayant une réputation notoire de solvabilité ;

2° A se charger, pour compte de particuliers et pour celui des établissements publics, de recouvrer le montant des effets qui lui seront remis, et à faire des avances sur les recouvrements de ces effets lorsqu'ils paraîtront certains;

3° A recevoir en compte-courant tous les dépôts et consignations, ainsi que les sommes en numéraire et les effets qui lui seront remis par des particuliers ou des établissements publics; à payer pour eux les mandats qu'ils tireront sur la Banque, ou les engagements qu'ils auront pris à son domicile, et ce, jusques à concurrence des sommes encaissées à leur profit;

4° A émettre des billets payables au porteur et à vue, et des billets à ordre payables à un certain nombre de jours de vue. Ces billets seront émis dans des proportions telles, qu'au moyen du numéraire réservé dans les caisses de la Banque, et des échéances du papier de son Portefeuille, elle ne puisse dans aucun temps être exposée à différer le payement de ses engagements au moment où ils lui seront présentés;

5° A ouvrir une caisse de placements et d'épargnes, dans laquelle toute somme au-dessus de *cinquante francs* serait reçue pour être remboursée aux époques convenues.

La Banque payera l'intérêt de ces sommes; elle en fournira des reconnaissances au porteur ou à ordre.

La Banque s'interdit toute espèce de commerce autre que celui des matières d'or et d'argent.

Article 6.

La Banque refuse d'escompter, 1° les effets dérivant d'opérations qui paraîtraient contraires à la sûreté de la République; 2° les effets qui résulteraient du commerce interlope; 3° les effets créés collusoirement entre les signataires sans cause ni valeur réelle.

ARTICLE 7.

L'universalité des actionnaires de la Banque de France est représentée par deux cents d'entre eux.

ARTICLE 8.

Les *deux cents* actionnaires appelés à constituer l'Assemblée générale doivent être citoyens français.

Un citoyen français porteur de la procuration d'un actionnaire français ou étranger, peut le représenter dans l'Assemblée générale.

Les deux cents actionnaires qui composent l'Assemblée générale sont ceux qui, d'après les livres de la Banque, sont constatés être depuis trois mois révolus les plus forts propriétaires de ses actions. En cas de parité dans le nombre des actions, la préférence appartient aux plus anciens actionnaires suivant l'ordre des souscriptions.

ARTICLE 9.

Pour avoir voix délibérative, il faut réunir au moins cinq actions. Chaque votant a autant de voix qu'il réunit de masses de cinq actions, toutefois jusqu'à la concurrence de quatre voix au plus.

ARTICLE 10.

La Banque de France est administrée par quinze Régents, et surveillée par trois Censeurs, choisis par l'Assemblée générale dans l'universalité des citoyens français.

Les Régents et les Censeurs doivent, en entrant en fonctions, justifier que chacun d'eux est propriétaire au moins de *trente* actions de la Banque, ou qu'ils en réunissent cumulativement au moins *cinq cent quarante*.

Article 11.

Les Régents sont renouvelés chaque année par cinquième, et les Censeurs par tiers; ils seront rééligibles aux mêmes fonctions. La sortie aura lieu par la voie du sort, et par rang d'ancienneté.

Article 12.

Pour une première et seule fois, sept des Régents de la Banque sont nommés par les présents Statuts. Les huit autres Régents et les trois Censeurs seront nommés au scrutin, à la majorité absolue, dans une assemblée des actionnaires qui auront les premiers souscrit les présents Statuts. Cette assemblée sera convoquée par les sept Régents déjà nommés; elle n'aura lieu que lorsqu'il existera au moins cinquante souscripteurs.

Article 13.

S'il arrive, plus de deux mois avant l'époque d'une Assemblée générale, que, par des retraites ou décès, le nombre des Régents se trouve réduit au-dessous de douze, et celui des Censeurs à un seul, il sera pourvu au complément dans une Assemblée générale tenue extraordinairement à cet effet. Les nouvelles nominations se feront dans l'ordre des retraites ou décès, et chacun des élus en remplacement ne sera en activité que pendant le temps qui restera à courir de l'exercice de son prédécesseur.

Article 14.

L'Assemblée générale de la Banque se réunit de droit le 25 Vendémiaire de chaque année; elle entend ce jour-là le compte résumé des opérations de l'année précédente, et elle procède par

la voie du scrutin au renouvellement du cinquième des Régents,
du tiers des Censeurs, et au remplacement des démissionnaires
ou décédés dont les places sont restées vacantes.

L'Assemblée générale de la Banque peut être convoquée extra-
ordinairement par la Régence lorsqu'elle aura à proposer des
changements, modifications ou améliorations aux Statuts fonda-
mentaux de la Banque. Cette convocation aura encore lieu lors-
qu'elle aura été délibérée par la Régence sur la proposition
formelle et motivée des Censeurs.

ARTICLE 15.

Les quinze Régents de la Banque se divisent en plusieurs
comités pour administrer les différentes branches des affaires de
la Banque.

Le Conseil général élit un comité central composé de trois de
ses membres. Ce comité est spécialement et privativement chargé
de la direction de l'ensemble des opérations de la Banque, sauf
à rendre compte au Conseil général.

Le président du comité central préside de droit le Conseil
général, ainsi que l'Assemblée générale. Ses fonctions durent un
an ; il est rééligible.

ARTICLE 16.

Les Censeurs sont chargés de surveiller l'exécution des Statuts
et Règlements de la Banque. Ils n'ont ni assistance ni voix déli-
bérative dans aucun des comités ; mais ils assistent de droit au
Conseil général. Ils proposent leurs observations au Conseil gé-
néral, et peuvent requérir la convocation de l'Assemblée générale
des actionnaires par des motifs énoncés et déterminés ; le Conseil
général en délibère.

Les Censeurs peuvent prendre connaissance de l'état des caisses, portefeuilles et registre de la Banque. Ils sont chargés de vérifier le compte annuel que la Régence doit rendre à l'Assemblée générale. Ils doivent faire à chaque Assemblée générale un rapport de leurs opérations.

Article 17.

Les actions de la Banque sont représentées par une inscription nominative sur un registre double tenu à cet effet.

Chaque actionnaire est de droit membre de l'Établissement par le seul fait de la réalisation du prix de son action.

Le transfert des actions s'opère sur la déclaration du propriétaire, présentée par l'un des agents accrédités et désignés par la Banque. Ces agents sont garants de la validité des déclarations; ils sont en conséquence tenus de s'établir un cautionnement à la Banque par la propriété d'un nombre d'actions, qui sera déterminé.

Article 18.

Le dividende des actions se règle tous les six mois par le Conseil général de la Banque. Après la fixation, le dividende est payé à vue.

Il est payé à Paris par la caisse de la Banque. Il est payé dans chaque chef-lieu de département par des correspondants de la Banque qui seront indiqués.

En l'an VIII il n'y aura qu'un dividende à la fin de l'année.

Article 19.

Les fonctions des Régents et des Censeurs sont gratuites, sauf des droits de présence.

Article 20.

Le Conseil général de la Banque détermine et nomme ses employés. Il les destitue et règle leurs appointements. Il règle provisoirement les dépenses générales de l'administration, ainsi que les droits de présence des Régents et des Censeurs.

L'état de ces dépenses est soumis à l'approbation de l'Assemblée générale.

ARTICLE 21.

Le Conseil général est chargé d'organiser l'administration de la Banque, de faire tous les règlements nécessaires à cet effet. Ces règlements sont provisoirement exécutés jusqu'à ce qu'ils aient été soumis à l'Assemblée générale et approuvés par elle.

ARTICLE 22.

Les actionnaires et les Régents ne sont tenus des engagements de la Banque que jusqu'à la concurrence de leur mise en société.

ARTICLE 23.

Les actes judiciaires et extrajudiciaires concernant l'Établissement, soit activement, soit passivement, seront faits au nom générique des intéressés dans la Banque, poursuite et diligence des Régents.

ARTICLE 24.

Les actionnaires verseront dans la caisse de la Banque le montant de leur soumission dans les délais suivants :

Un quart en Ventôse de l'an VIII, un quart en Floréal, un quart en Messidor, et un quart en Fructidor.

A défaut de payement du tout ou de portion de la soumission, l'actionnaire demeure déchu; il n'aura part à aucun dividende, les à-compte qu'il aura versés lui seront restitués.

ARTICLE 25.

En exécution de l'article 12 des présents Statuts, les actionnaires soussignés nomment pour Régents de la Banque de France:

MM.

PERREGAUX, banquier, à Paris, *rue du Mont-Blanc;*

LE COUTEULX-CANTELEU, négociant, *rue du Faubourg-Saint-Honoré;*

MALLET (l'aîné), banquier, *rue du Mont-Blanc;*

DE MAUTORT, notaire, *rue Saint-Honoré;*

PERRIER, négociant de Grenoble, *rue Saint-Honoré;*

PERRÉE, négociant de Grandville, *rue de l'Université;*

ROBILLARD, négociant, *hôtel Longueville.*

ARTICLE 26.

Les présents Statuts serviront d'acte d'union entre les actionnaires, et formeront Loi entre l'Établissement et le public; ils seront enregistrés au tribunal de commerce de Paris à la fin de Pluviôse prochain.

Fait et arrêté à Paris, en Assemblée générale, le 24 Pluviôse de l'an VIII de la République française.

Dans les Assemblées générales des actionnaires de la Banque de France, tenues à la maison de l'Oratoire les 24 et 27 Pluviôse an VIII, le Conseil général de la Régence a été complété par les nominations suivantes:

RÉGENTS,

MM.

Hugues-Lagarde, ancien négociant *à Marseille ;*

Récamier, banquier *à Paris ;*

Germain, banquier *à Paris ;*

Carié, banquier *à Paris ;*

Basterreche, banquier *à Paris ;*

Sevene (*Auguste*), banquier *à Paris ;*

Barillon, banquier *à Paris ;*

Ricard, ancien négociant *de Lyon.*

CENSEURS,

MM.

Sabatier, négociant *à Paris ;*

Journu-Auber, négociant *de Bordeaux ;*

Soehnée père, négociant *à Paris.*

LOI

DU 24 GERMINAL AN XI

(14 AVRIL 1803).

AU NOM DU PEUPLE FRANÇAIS,

BONAPARTE, premier Consul, proclame Loi de la République le Décret suivant, rendu par le Corps législatif le 24 Germinal an XI, conformément à la proposition faite par le Gouvernement le 19 du même mois, communiquée au Tribunat le surlendemain.

DÉCRET.

ARTICLE PREMIER.

L'association formée à Paris sous le nom de BANQUE DE FRANCE aura le privilége exclusif d'émettre des Billets de Banque aux conditions énoncées dans la présente Loi.

ARTICLE 2.

Le capital de la Banque de France sera de quarante-cinq mille actions de *mille francs* chacune, en fonds primitif, et plus, du fonds de réserve.

Tout appel de fonds sur ces actions est prohibé.

ARTICLE 3.

Les actions de la Banque seront représentées par une inscription nominale sur les registres ; elles ne pourront être mises au porteur.

ARTICLE 4.

La moindre coupure des Billets de la Banque de France sera de *cinq cents francs.*

ARTICLE 5.

La Banque escomptera les lettres de change et autres effets de commerce.

La Banque ne pourra faire aucun commerce autre que celui des matières d'or et d'argent ; elle refusera d'escompter les effets dérivant d'opérations qui paraîtraient contraires à la sûreté de la République ; les effets qui résulteraient d'un commerce prohibé ; les effets dits de circulation, créés collusoirement entre les signataires sans cause ni valeur réelle.

ARTICLE 6.

L'escompte sera perçu à raison du nombre des jours à courir, et même d'un seul jour, s'il y a lieu.

ARTICLE 7.

La qualité d'actionnaire ne donnera aucun droit particulier pour être admis aux escomptes de la Banque.

ARTICLE 8.

Le dividende annuel, à compter du 1ᵉʳ Vendémiaire an XIII, ne pourra excéder six pour cent pour chaque action de *mille francs ;* il sera payé tous les six mois.

Le bénéfice excédant le dividende annuel sera converti en fonds de réserve.

Le fonds de réserve sera converti en cinq pour cent consolidés ; ce qui donnera lieu à un second dividende.

Le fonds de réserve actuel sera aussi converti en cinq pour cent consolidés.

Le dividende des six derniers mois de l'an XI sera réglé suivant les anciens usages de la Banque.

Le dividende de l'an XII ne pourra excéder huit pour cent, y compris le dividende à provenir des produits du fonds de réserve.

ARTICLE 9.

Les cinq pour cent consolidés acquis par la Banque seront inscrits en son nom, et ne pourront être revendus sans autorisation pendant la durée de son privilége.

ARTICLE 10.

L'universalité des actionnaires de la Banque sera représentée par deux cents d'entre eux qui, réunis, formeront l'Assemblée générale de la Banque.

ARTICLE 11.

Les deux cents actionnaires qui composeront l'Assemblée générale seront ceux qui, d'après la revue de la Banque, seront constatés être depuis six mois révolus les plus forts propriétaires de ses actions; en cas de parité dans le nombre des actions, l'actionnaire le plus anciennement inscrit sera préféré.

ARTICLE 12.

L'Assemblée générale de la Banque se réunira dans le courant de Vendémiaire de chaque année. Elle sera assemblée extraordinairement dans les cas prévus par les Statuts.

ARTICLE 13.

Les membres de l'Assemblée générale devront assister et voter en personne, sans pouvoir se faire représenter; chacun d'eux n'aura qu'une voix, quelque nombre d'actions qu'il possède.

ARTICLE 14.

Nul ne pourra être membre de l'Assemblée générale s'il ne jouit des droits de citoyen français.

ARTICLE 15.

La Banque sera administrée par quinze Régents, et surveillée par trois Censeurs choisis entre tous les actionnaires par l'Assemblée générale; les Régents et Censeurs réunis formeront le Conseil général de la Banque.

ARTICLE 16.

Les Régents sont renouvelés chaque année par cinquième, et les Censeurs par tiers.

ARTICLE 17.

Sept Régents sur les quinze, et les trois Censeurs, seront pris parmi les manufacturiers, fabricants ou commerçants actionnaires de la Banque; ils seront complétés par les élections des années XI, XII et XIII.

ARTICLE 18.

Il sera formé un conseil d'Escompte, composé de douze membres pris parmi les actionnaires exerçant le commerce à Paris. Les douze membres seront nommés par les trois Censeurs : ils

seront renouvelés par quart chaque année. Les membres de ce
conseil seront appelés aux opérations d'Escompte, et ils auront
voix délibérative.

ARTICLE 19.

Les Régents, les Censeurs et les membres du conseil d'Escompte
sortants pourront être réélus.

ARTICLE 20.

Les fonctions des Régents, des Censeurs et des membres du
conseil d'Escompte seront gratuites, sauf des droits de présence.

ARTICLE 21.

Le Conseil nommera un comité central composé de trois
Régents; l'un d'eux sera nommé président, et dans cette qualité
il présidera l'Assemblée générale, le Conseil général et tous les
comités auxquels il jugera à propos d'assister.

ARTICLE 22.

Les fonctions de président dureront deux ans. Les deux autres
membres du comité seront renouvelés par moitié, et tous les ans;
les membres sortants pourront être réélus.

ARTICLE 23.

Le comité central de la Banque est spécialement et privative-
ment chargé de la direction de l'ensemble des opérations de la
Banque.

ARTICLE 24.

Il est en outre chargé de rédiger, d'après ses connaissances et
sa discrétion, un état général, divisé par classe, de tous ceux qui
seront dans le cas d'être admis à l'Escompte, et de faire successi-

vement dans cet état les changements qu'il jugera nécessaires; cet état servira de base aux opérations d'Escompte.

Article 25.

Ceux qui se croiront fondés à réclamer contre les opérations du comité central relativement à l'Escompte, adresseront leurs réclamations à ce comité, et en même temps aux Censeurs.

Article 26.

Les Censeurs rendront compte à chaque Assemblée générale de la surveillance qu'ils auront exercée sur les affaires de la Banque, et déclareront si les règles établies pour l'Escompte ont été fidèlement observées.

Article 27.

Le Conseil général actuel de la Banque de France est tenu de faire, dans un mois, les Statuts nécessaires à son administration intérieure.

Article 28.

Le privilége de la Banque lui est accordé pour *quinze années,* à dater du 1ᵉʳ Vendémiaire an XII (24 Septembre 1803).

Article 29.

Les Régents et Censeurs actuels de la Banque de France conserveront leur titre et exerceront leurs fonctions pendant le temps fixé par les Statuts et Règlements.

Article 30.

La Caisse d'escompte du commerce, le Comptoir commercial, la Factorerie et autres associations qui ont émis des billets à Paris,

ne pourront, à dater de la publication de la présente, en créer
de nouveaux, et seront tenus de retirer ceux qu'ils ont en circu-
lation d'ici au 1ᵉʳ Vendémiaire prochain.

ARTICLE 31.

Aucune banque ne pourra se former dans les départements
que sous l'autorisation du Gouvernement, qui pourra leur en
accorder le privilége; et les émissions de ses billets ne pourront
excéder la somme qu'il aura déterminée. Il ne pourra en être
fabriqué ailleurs qu'à Paris. Les articles 3, 5, 6, 13, 24 et 25 de
la présente Loi leur seront applicables.

ARTICLE 32.

La moindre coupure des billets émis dans les villes auxquelles
le privilége en sera accordé, sera de *deux cent cinquante francs.*

ARTICLE 33.

Aucune opposition ne sera admise sur les sommes en compte-
courant dans les banques autorisées.

ARTICLE 34.

Les actions judiciaires relatives aux banques seront exercées
au nom des Régents, poursuites et diligences de leur Directeur
général.

ARTICLE 35.

Il pourra être fait un abonnement annuel avec les banques
privilégiées, pour le timbre de leurs billets.

ARTICLE 36.

Les fabricateurs de faux billets, soit de la Banque de France, soit des banques de départements, et les falsificateurs de billets émis par elles, seront assimilés aux faux-monnayeurs, poursuivis, jugés et condamnés comme tels.

Collationné à l'original par nous Président et Secrétaires du Corps législatif, à Paris, le 24 Germinal an XI de la République française.

Signé : FAULCON, Président; TRUMEAU, HÉMART, LIGNIVILLE, GRAPPE, Secrétaires.

Soit la présente Loi revêtue du sceau de l'État, insérée au *Bulletin des Lois*, inscrite dans les registres des autorités judiciaires et administratives; et le Grand-Juge, Ministre de la Justice, chargé d'en surveiller la publication.

A Saint-Cloud, le 4 Floréal an XI de la République.

Signé : BONAPARTE, premier Consul;

Contre-signé : le Secrétaire-d'État, Hugues-B. MARET;

Et scellé du sceau de l'État;

Vu le Grand-Juge, Ministre de la Justice, *signé :* RÉGNIER.

Pour copie conforme,

Le Ministre du Trésor public, BARBÉ-MARBOIS.

LOI

DU 22 AVRIL 1806.

Napoléon, par la grâce de Dieu et les Constitutions de la République, Empereur des Français, à tous présents et à venir, Salut.

Le Corps législatif a rendu, le 22 Avril 1806, le Décret suivant, conformément à la proposition faite au nom de l'Empereur, et après avoir entendu les orateurs du Conseil-d'État et des sections du Tribunat le même jour :

DÉCRET.

TITRE Ier.

Du Privilége de la Banque.

ARTICLE PREMIER.

Le privilége accordé à la Banque de France par l'article 28 de la Loi du 24 Germinal an XI, pour quinze années à dater du 1er Vendémiaire an XII, est prorogé de vingt-cinq ans au delà des quinze premières années (du 24 Septembre 1803 au 24 Septembre 1843).

TITRE II.

Du Capital de la Banque et du Dividende annuel.

ARTICLE 2.

Le capital de la Banque de France, fixé, par l'article 2 de la Loi du 24 Germinal an XI, à quarante-cinq mille actions de mille francs chacune en fonds primitif, non compris le fonds de réserve, sera porté à quatre-vingt-dix mille actions de mille francs chacune, non compris aussi le fonds de réserve.

ARTICLE 3.

Les quarante-cinq mille actions nouvellement créées seront émises, et leur montant sera réalisé dans la caisse de la Banque, aux époques et dans les proportions graduées, telles que l'administration de la Banque les aura réglées.

ARTICLE 4.

Les proportions du dividende réglé par l'article 8 de la susdite Loi, sont désormais, à compter du semestre qui écherra le 21 Septembre prochain, fixées ainsi qu'il suit :

Le dividende annuel se composera : 1° d'une répartition qui ne pourra excéder six pour cent du capital primitif; 2° d'une autre répartition égale aux deux tiers du bénéfice excédant ladite répartition de six pour cent.

Le dernier tiers des bénéfices sera mis en fonds de réserve. Le dividende sera payé tous les six mois.

ARTICLE 5.

L'administration de la Banque aura la faculté de faire le place-

ment qui lui paraîtra le plus convenable du fonds de réserve
qu'elle acquerra à l'avenir.

TITRE III.

De l'Administration de la Banque.

SECTION Iʳᵉ.

De l'Assemblée générale de la Banque.

ARTICLE 6.

En conséquence des articles 10, 11, 12, 13 et 14 de la Loi du
24 Germinal an XI, l'universalité des actionnaires de la Banque
sera représentée par deux cents d'entre eux, qui, réunis, forme-
ront l'Assemblée générale de la Banque.

ARTICLE 7.

L'Assemblée générale nommera les Régents et les Censeurs; il
lui sera rendu compte, chaque année, de toutes les opérations
de la Banque.

ARTICLE 8.

Les quinze Régents et les trois Censeurs, créés par l'article 15
de la Loi du 24 Germinal, formeront le Conseil général de la
Banque.

ARTICLE 9.

Cinq Régents sur les quinze, et les trois Censeurs, seront pris
parmi les manufacturiers, fabricants ou commerçants, action-
naires de la Banque; trois Régents seront pris parmi les Receveurs
généraux des contributions publiques.

SECTION II.

De la Direction générale de la Banque.

ARTICLE 10.

La direction de toutes les affaires de la Banque, déléguée à son comité central par la Loi du 24 Germinal an XI, sera désormais exercée par un Gouverneur de la Banque de France.

ARTICLE 11.

Le Gouverneur aura deux suppléants, qui exerceront les fonctions qui leur seront par lui déléguées; ils auront le titre de premier et second Sous-Gouverneur.

Les Sous-Gouverneurs, dans l'ordre de leur nomination, rempliront les fonctions du Gouverneur en cas de vacance, absence ou maladie.

ARTICLE 12.

Le Gouverneur et ses deux suppléants seront nommés par Sa Majesté l'EMPEREUR.

ARTICLE 13.

Avant d'entrer en fonctions, le Gouverneur justifiera de la propriété de cent actions de la Banque; et chacun des Sous-Gouverneurs, de la propriété de cinquante actions.

ARTICLE 14.

Il est interdit au Gouverneur et à ses suppléants de présenter à l'Escompte aucun effet revêtu de leur signature ou leur appartenant.

ARTICLE 15.

Le Gouverneur recevra annuellement de la Banque une somme

de 60,000 francs pour honoraires; les deux Sous-Gouverneurs recevront chacun celle de 30,000 francs.

ARTICLE 16.

Le Gouverneur et les deux Sous-Gouverneurs prêteront, entre les mains de Sa Majesté l'EMPEREUR, le serment *de bien et fidèlement diriger les affaires de la Banque, conformément aux Lois et Statuts.*

SECTION III.

Du Conseil général de la Banque.

ARTICLE 17.

Le Conseil général de la Banque continuera à surveiller toutes les parties de l'Établissement; à faire le choix des Effets qui pourront être pris à l'Escompte; à délibérer ses Statuts particuliers et les Règlements de son régime intérieur; à délibérer, sur la proposition du Gouverneur, tous traités généraux et conventions; à statuer sur la création et l'émission des billets de la Banque, payables au porteur et à vue; à statuer pareillement sur le retirement et l'annulation; à régler la forme de ces billets; à déterminer les signatures dont ils devront être revêtus; à délibérer sur l'émission des quarante-cinq mille actions créées par la présente Loi; à déterminer, à l'avenir, le placement des fonds de réserve, et à veiller sur ce que la Banque ne fasse d'autres opérations que celles déterminées par la Loi, et selon les formes réglées par les Statuts.

Les appointements et salaires des agents et employés de la Banque, et les dépenses générales de son administration, seront délibérés chaque année, et d'avance, par le Conseil. Il présentera le compte annuel de la Banque à l'Assemblée générale.

SECTION IV.

Des Comités.

ARTICLE 18.

Les quinze Régents et les trois Censeurs seront répartis en cinq Comités, pour exercer les détails de surveillance des opérations de la Banque, savoir :

Le Comité d'escompte ;

Le Comité des billets ;

Le Comité des livres et portefeuilles ;

Le Comité des caisses ;

Le Comité des relations avec le Trésor public et avec les Receveurs généraux des contributions publiques.

Il entrera dans la formation de ce dernier Comité au moins deux Receveurs généraux, Régents.

SECTION V.

Des fonctions du Gouverneur de la Banque.

ARTICLE 19.

Nul effet ne pourra être escompté que sur la proposition du Conseil général et sur l'approbation formelle du Gouverneur.

La nomination, la révocation et destitution des agents de la Banque, seront exercées par lui.

Il signera seul, au nom de la Banque, tous traités et conventions ; les actions judiciaires seront exercées au nom des Régents, à la poursuite et diligence du Gouverneur ; il signera la correspondance ; il pourra néanmoins se faire suppléer à cet égard, ainsi que pour les endossements et acquits des effets actifs de la Banque.

Le Gouverneur présidera le Conseil général de la Banque et tous les Comités ; nulle délibération ne pourra être exécutée si elle n'est revêtue de sa signature ; il fera exécuter, dans toute leur étendue, les Lois relatives à la Banque, les Statuts et les délibérations du Conseil général.

ARTICLE 20.

Les Sous-Gouverneurs assisteront et auront voix délibérative au Conseil général ; ils prendront rang parmi les Régents, à raison de l'ancienneté de leur nomination.

TITRE IV.

Attributions au Conseil-d'État, et Dispositions générales.

ARTICLE 21.

Le Conseil-d'État connaîtra, sur les rapports du Ministre des Finances, des infractions aux Lois et Règlements qui régissent la Banque, et des contestations relatives à sa police et administration intérieures.

Le Conseil-d'État prononcera de même définitivement, et sans recours, entre la Banque et les membres de son Conseil général, ses agents ou employés, toute condamnation civile, y compris les dommages et intérêts, et même soit la destitution, soit la cessation de fonctions.

Toutes autres questions seront portées aux Tribunaux qui doivent en connaître.

ARTICLE 22.

Les Statuts de la Banque seront soumis à l'approbation de l'EMPEREUR, sous la forme de règlement d'administration publique.

La Loi du 24 Germinal an XI continuera de s'exécuter en tout ce qui n'est pas contraire à la présente.

Collationné à l'original par nous Président et Secrétaires du Corps législatif. Paris, le 22 Avril 1806.

Signé : FONTANES, Président; DUMAIRE, DESRIBE, JACOMET, P. S. GUERIN, Secrétaires.

MANDONS et ordonnons que les présentes, revêtues des sceaux de l'État, insérées au *Bulletin des Lois,* soient adressées aux Cours, aux Tribunaux et aux Autorités administratives, pour qu'ils les inscrivent dans leurs registres, les observent et les fassent observer; et notre Grand-Juge, Ministre de la Justice, est chargé d'en surveiller la publication.

Donné en notre palais de Saint-Cloud, le 2 Mai de l'an 1806.

Signé : NAPOLÉON.

Vu par Nous Archi-Chancelier de l'Empire,

Signé : CAMBACÉRÉS.

Le Grand-Juge, Ministre de la Justice, *signé :* RÉGNIER.

Par l'Empereur,

Le Ministre Secrétaire-d'État, Hugues-B. MARET.

STATUTS FONDAMENTAUX.

Au palais des Tuileries, le 16 Janvier 1808.

Napoléon, Empereur des Français, Roi d'Italie, et Protecteur de la *Confédération du Rhin*,

Vu la Loi du 24 Germinal an XI, celle du 22 Avril 1806, et spécialement l'article 22 de la même Loi, le rapport de notre Ministre des Finances, et le projet de Statuts joint, présenté par le Conseil général de la Banque;

Notre Conseil-d'État entendu,

Nous avons décrété et décrétons ce qui suit :

Les Statuts de la Banque de France sont et demeurent définitivement arrêtés ainsi qu'il suit :

TITRE Ier.

De la Banque de France.

Article premier.

Le capital de la Banque de France se compose de quatre-vingt-dix mille actions, chaque action étant de *mille francs* en fonds primitif, et, de plus, d'un droit d'un quatre-vingt-dix millième sur le fonds de réserve.

Chaque action est représentée sur les registres de la Banque par une inscription nominale de *mille francs*.

ARTICLE 2.

Les actionnaires de la Banque ne sont responsables de ses engagements que jusqu'à la concurrence du montant de leurs actions.

ARTICLE 3.

Les actions de la Banque peuvent être acquises par des étrangers.

ARTICLE 4.

La transmission des actions s'opère par de simples transferts sur des registres doubles tenus à cet effet.

Elles sont valablement transférées par la déclaration du propriétaire ou de son fondé de pouvoirs, signée sur les registres et certifiée par un agent de change, s'il n'y a opposition signifiée et visée à la Banque.

ARTICLE 5.

Les actions de la Banque pourront faire partie des biens formant la dotation d'un titre héréditaire, qui serait érigé par Sa Majesté, conformément au Sénatus-consulte du 14 Août 1806.

ARTICLE 6.

Les actions de la Banque, au cas de l'article précédent, seront possédées, quant à l'hérédité et à la réversibilité, conformément aux dispositions dudit Sénatus-consulte et au paragraphe 3 de l'article 896 du *Code Napoléon*.

ARTICLE 7.

Les actionnaires qui voudront donner à leurs actions la qualité d'immeubles, en auront la faculté, et, dans ce cas, ils en feront la déclaration dans la forme prescrite pour les transferts.

Cette déclaration une fois inscrite sur le registre, les actions immobilisées resteront soumises au *Code Napoléon* et aux Lois de privilége et d'hypothèque, comme les propriétés foncières : elles ne pourront être aliénées, et les priviléges et hypothèques être purgés, qu'en se conformant au *Code Napoléon* et aux Lois relatives aux priviléges et hypothèques sur les propriétés foncières.

Article 8.

La Banque ne peut, dans aucun cas, ni sous aucun prétexte, faire ou entreprendre d'autres opérations que celles qui lui sont permises par les Lois et les présents Statuts.

Article 9.

Les opérations de la Banque consistent :

1° A escompter à toutes personnes des lettres de change et autres effets de commerce à ordre, à des échéances déterminées qui ne pourront excéder trois mois, et souscrits par des commerçants et autres personnes notoirement solvables ;

2° A se charger, pour le compte des particuliers et des établissements publics, du recouvrement des effets qui lui sont remis ;

3° A recevoir, en compte-courant, les sommes qui lui sont versées par des particuliers et des établissements publics, et à payer les dispositions faites sur elle et les engagements pris à son domicile, jusqu'à concurrence des sommes encaissées ;

4° A tenir une caisse de dépôts volontaires pour tous titres, lingots et monnaies d'or et d'argent de toute espèce.

ARTICLE 10.

Il sera établi des *Comptoirs d'Escompte* dans les villes de département où les besoins du commerce en feront sentir la nécessité.

Le Conseil général en délibérera l'organisation, pour être soumise à l'approbation du Gouvernement.

ARTICLE 11.

La Banque, soit à Paris, soit dans les Comptoirs et Succursales, n'admet à l'Escompte que des Effets de commerce à ordre, timbrés et garantis par trois signatures au moins, notoirement solvables.

ARTICLE 12.

La Banque pourra cependant admettre à l'Escompte, tant à Paris que dans ses Comptoirs, des effets garantis par deux signatures seulement, mais notoirement solvables, et après s'être assurée qu'ils sont créés pour fait de marchandises, si on ajoute à la garantie des deux signatures un transfert d'actions de la Banque ou de cinq pour cent consolidés, valeur nominale.

ARTICLE 13.

Les transferts faits en addition de garantie ne devant pas arrêter les poursuites contre les signataires de ces effets, ce ne sera qu'à défaut du payement et après protêt, que la Banque se couvrira en disposant des effets à elle transférés.

ARTICLE 14.

L'Escompte se fera partout au même taux qu'à la Banque même, s'il n'en est pas autrement ordonné sur l'autorisation spéciale du Gouvernement.

ARTICLE 15.

Il sera pris des mesures pour que les avantages résultant de l'établissement de la Banque se fassent sentir au petit commerce de Paris, et qu'à dater du 15 Février prochain l'Escompte sur deux signatures avec garantie additionnelle, qui se fait par un intermédiaire quelconque de la Banque, n'ait lieu qu'au même taux que celui de la Banque elle-même.

ARTICLE 16.

La Banque peut faire des avances sur les Effets publics qui lui sont remis en recouvrement, lorsque leurs échéances sont déterminées.

ARTICLE 17.

La Banque peut, avec l'approbation du Gouvernement, acquérir, vendre ou échanger des propriétés immobilières, suivant que l'exigera son service. Elle fera construire un palais proportionné à la grandeur de son Établissement et à la magnificence de la ville de Paris. Ces dépenses ne pourront être prises que sur les fonds de réserve.

ARTICLE 18.

La Banque fournit des Récépissés des dépôts volontaires qui lui sont faits.

Le Récépissé exprime :

La nature et la valeur des objets déposés;
Les noms et demeure du déposant;
La date où le dépôt a été fait et doit être retiré;
Le numéro du registre d'inscription.

Le Récépissé n'est point à ordre, et ne peut être transmis par la voie de l'endossement.

Article 19.

La Banque perçoit un droit sur la valeur estimative du dépôt. La quotité de ce droit est délibérée par le Conseil général, et soumise à l'approbation du Gouvernement.

Article 20.

La Banque peut faire des avances sur les dépôts de lingots ou monnaies étrangères d'or et d'argent qui lui sont faits.

Article 21.

Le Dividende est réglé tous les six mois, conformément à l'article 4 de la Loi du 22 Avril 1806.

En cas d'insuffisance des bénéfices pour ouvrir un dividende dans la proportion de six pour cent sur le capital de mille francs, il y est pourvu en prenant sur les fonds de réserve.

Article 22.

Au commencement de chaque semestre, la Banque rend compte au Gouvernement du résultat des opérations du semestre précédent, ainsi que du règlement du Dividende.

Article 23.

La Banque tient une caisse de réserve pour ses employés.

Cette réserve se compose d'une retenue sur les traitements.

La quotité, l'emploi et la distribution de la réserve sont délibérés par le Conseil général, et soumis à l'approbation du Gouvernement.

TITRE II.

De l'Administration de la Banque.

ARTICLE 24.

L'Assemblée générale des actionnaires se réunit dans le mois de Janvier de chaque année.

Elle est convoquée par le Conseil général.

Elle est présidée par le Gouverneur.

ARTICLE 25.

Les Régents et les Censeurs sont nommés à la majorité absolue des suffrages des membres votants, par des scrutins individuels.

Si, au premier tour de scrutin, il n'y a pas de majorité, on procède à un second scrutin individuel.

Si, au second tour de scrutin, il n'y a pas de majorité, on procède à un scrutin de ballotage entre les deux candidats qui ont réuni le plus de voix.

Celui qui, au scrutin de ballotage, a obtenu la majorité, est proclamé.

Lorsqu'il y a égalité de voix, le plus âgé est préféré.

ARTICLE 26.

L'exercice des Régents et des Censeurs nommés en remplacement, pour cause de retraite ou de décès, n'a lieu que pour le temps qui restait à courir à leurs prédécesseurs.

ARTICLE 27.

L'Assemblée générale des actionnaires peut être convoquée extraordinairement :

Lorsque, par retraite ou décès, le nombre des Régents est réduit à douze, et celui des Censeurs à un seul ;

Lorsqu'elle aura été requise par l'unanimité des Censeurs, et délibérée par le Conseil général.

ARTICLE 28.

Les actions dont les Gouverneur et Sous-Gouverneurs sont propriétaires, sont inaliénables pendant la durée de leurs fonctions.

ARTICLE 29.

La Banque pourvoit aux frais de bureau, de logement, d'ameublement et autres accessoires du gouvernement de la Banque.

ARTICLE 30.

Le Gouverneur présente, au nom du Conseil général, à l'Assemblée des actionnaires, le Compte annuel des opérations de la Banque.

ARTICLE 31.

Il préside les Comités et Commissions spéciales auxquels il assiste.

ARTICLE 32.

La présence du Gouverneur ou celle des Sous-Gouverneurs est journellement obligatoire à la Banque, pour l'expédition des affaires.

ARTICLE 33.

Le Gouverneur se fait assister par le Conseil général et le Conseil d'Escompte pour la classification des crédits.

Cette classification est revisée tous les ans.

ARTICLE 34.

Le Conseil général de la Banque est composé :

Du Gouverneur;

Des Sous-Gouverneurs;

Des Régents;

Des Censeurs.

Ils doivent être résidents à Paris.

Tous ceux qui assistent au Conseil ont un droit de présence.

ARTICLE 35.

Il détermine le taux des Escomptes, ainsi que les sommes à employer aux Escomptes.

Il détermine les échéances, hors desquelles les Effets ne peuvent être admis aux Escomptes.

ARTICLE 36.

Il lui est rendu compte de toutes les affaires de la Banque.

Il se réunit au moins une fois chaque semaine.

ARTICLE 37.

Aucune résolution ne peut être délibérée en Conseil général sans le concours de dix votants au moins et la présence d'un Censeur.

Les arrêtés se prennent à la majorité absolue.

ARTICLE 38.

Toute délibération ayant pour objet la création ou l'émission des billets de Banque, doit être approuvée par les Censeurs.

Le refus unanime des Censeurs en suspend l'effet.

ARTICLE 39.

Le Compte annuel qui doit être rendu à l'Assemblée des actionnaires, est arrêté par le Conseil général.

Article 40.

Le Conseil général nomme, remplace et réélit, à la majorité absolue, les membres des Comités et des Commissions spéciales.

Article 41.

Les Régents et les Censeurs sont tenus, avant d'entrer en fonctions, de justifier de la propriété de trente actions au moins, lesquelles sont inaliénables pendant la durée de leurs fonctions.

Article 42.

Les Censeurs exercent une surveillance sur toutes les opérations de la Banque.

Ils se font présenter l'état des caisses, les registres et les portefeuilles, toutes les fois qu'ils le jugent convenable.

Article 43.

Les Censeurs n'ont point voix délibérative au Conseil général.

Ils proposent toutes les mesures qu'ils croient utiles à l'ordre et à l'intérêt de la Banque.

Si leurs propositions ne sont point adoptées, ils peuvent en requérir la transcription sur le registre des délibérations.

Article 44.

Les Censeurs assistent aux Comités des billets, et des livres et portefeuilles.

Article 45.

La nomination des membres du Conseil d'Escompte par les Censeurs sera faite sur une liste de candidats présentés par le Conseil général en nombre triple de celui des membres à élire.

ARTICLE 46.

Les membres du Conseil d'Escompte doivent justifier, en entrant en fonctions, de la propriété de dix actions de la Banque, lesquelles sont inaliénables pendant la durée de leurs fonctions.

ARTICLE 47.

Les membres du Conseil d'Escompte sont alternativement appelés au Comité des Escomptes, suivant l'ordre du tableau.

Ceux qui assistent aux Comités ont un droit de présence.

ARTICLE 48.

Les Régents et membres du Conseil d'Escompte qui doivent former le Comité, sont alternativement choisis suivant l'ordre du tableau.

Leurs fonctions, comme membres du Comité des Escomptes, sont de quinze jours.

Le Comité des Escomptes se réunit au moins trois fois chaque semaine.

ARTICLE 49.

Les Régents et membres du Conseil d'Escompte composant le Comité des Escomptes, examinent le papier présenté à l'Escompte.

Ils choisissent celui qui remplit les conditions voulues et les sûretés de la Banque.

ARTICLE 50.

Tout failli non réhabilité ne peut être admis à l'Escompte.

ARTICLE 51.

Il sera tenu un registre où seront inscrits les noms et demeures des commerçants qui ont fait faillite.

Ce registre contiendra :

La date ou l'époque de la faillite ;

L'époque de la réhabilitation, si elle a eu lieu.

ARTICLE 52.

Le Comité des Billets est renouvelé par tiers tous les six mois.

Les membres sortants ne peuvent être réélus qu'après un inter-valle de six mois.

Les Censeurs y assistent.

ARTICLE 53.

Le Comité des Billets est spécialement chargé de toutes les opérations relatives à la confection, à la signature et à l'enregis-trement des billets, ainsi que de leur versement dans les caisses.

ARTICLE 54.

Il est chargé de surveiller la vérification des billets annulés ou retirés de la circulation, et de toutes les opérations jusques et y compris l'annulation et le brûlement.

ARTICLE 55.

Il dresse procès-verbal de ses opérations sur un registre à ce destiné, en présence du Directeur, du Contrôleur et du Chef de la comptabilité des billets.

Il en fait rapport au Conseil général.

ARTICLE 56.

Le Comité des Billets est chargé de l'examen et du rapport au Conseil général, de toutes les réclamations ou demandes formées pour des billets altérés par l'usage ou par accident.

ARTICLE 57.

Le Comité des Livres et Portefeuilles se renouvelle par tiers tous les six mois.

Les membres sortants ne peuvent être réélus qu'après un intervalle de six mois.

Les Censeurs y assistent.

ARTICLE 58.

Le Comité des Livres et Portefeuilles est chargé de la surveillance des livres et registres de la Banque.

Il examine les Effets qui composent les portefeuilles ; il prend note de ceux qui auraient été admis en contravention aux Lois et Statuts.

Il dresse procès-verbal de ses délibérations sur un registre à ce destiné.

Il en fait rapport au Conseil général.

ARTICLE 59.

Le Comité des Livres et Portefeuilles est chargé de la surveillance :

Du registre des faillis ;
De la classification annuelle des crédits.

ARTICLE 60.

Le Comité des Caisses est renouvelé par tiers tous les mois, suivant l'ordre du tableau.

ARTICLE 61.

Le Comité des Caisses est chargé de vérifier la situation des caisses, au moins une fois chaque semaine.

Il en dresse procès-verbal sur un registre à ce destiné.

Il en fait rapport au Conseil général.

Article 62.

Le Comité des relations avec le Trésor public et les Receveurs généraux est renouvelé par cinquième, tous les six mois.

Les membres sortants ne peuvent être réélus qu'après un intervalle de six mois.

Il est chargé de la surveillance des relations de la Banque avec le Trésor public et les Receveurs généraux des contributions publiques.

Il dresse procès-verbal de ses délibérations sur un registre à ce destiné.

Il fait rapport au Conseil général.

Article 63.

Notre Ministre des Finances est chargé de l'exécution du présent Décret.

Signé : **NAPOLÉON.**

Par l'Empereur,

Le Ministre Secrétaire-d'État, *signé :* Hugues-B. Maret.

Pour copie conforme,

Le Ministre des Finances, *signé :* Gaudin.

EXTRAIT

DU DÉCRET DU 1ᵉʳ MARS 1808,

L'INSTITUTION DES MAJORATS.

ARTICLE 2.

Les rentes sur l'État et les actions de la Banque de France pourront être admises dans la formation d'un Majorat, toutes les fois qu'elles auront été immobilisées ; savoir : les actions de la Banque, en la manière prescrite par l'article 7 de notre Décret du 16 Janvier dernier ; et les rentes, dans la forme réglée par les articles suivants.

ARTICLE 4.

Les rentes ainsi immobilisées continueront à être inscrites sur le grand livre de la dette publique pour mémoire, avec déclaration de l'immobilisation, et seront en outre portées sur un livre particulier.

ARTICLE 5.

Les extraits d'inscription qui en seront délivrés, ainsi que des actions sur la Banque de France, porteront un timbre qui annoncera qu'elles sont affectées à un Majorat.

ARTICLE 6.

La portion du revenu d'un Majorat qui sera en rentes sur l'État, ou en actions de la Banque, sera soumise à une retenue annuelle d'un dixième, qui sera successivement, chaque année, replacée en rentes sur l'État ou en actions de la Banque, au profit du titulaire du Majorat et des appelés après lui. Ces rentes ou actions seront également immobilisées.

ARTICLE 40.

Les biens qui forment les Majorats sont inaliénables; ils ne peuvent être engagés ni saisis.

Néanmoins, les enfants du fondateur qui ne seraient pas remplis de leur légitime sur les biens libres de leur père, pourront en demander le complément sur les biens donnés par le père pour la formation du Majorat.

ARTICLE 44.

Défendons pareillement à tous agents de change, sous peine de destitution, même de peines plus graves, s'il y échet, et de tous dommages-intérêts des parties, de négocier directement ni indirectement les inscriptions et actions de la Banque marquées du timbre établi par l'article 5.

ARTICLE 73.

Lorsqu'aux termes du Décret d'aliénation, ou par un Décret subséquent, le remploi aura été permis, soit en rentes sur l'État, soit en actions de la Banque, le Ministre du Trésor public ou le Gouverneur de la Banque donnera au titulaire qui aura fait l'acquisition des rentes ou des actions pour le montant du remploi, déclaration de leur immobilisation, suivant les formes prescrites en la section Ire du titre Ier.

Un double de cette déclaration sera déposé aux archives du sceau, pour être joint à l'état des biens du Majorat; et, sur la représentation de l'autre double, le Directeur de la Caisse d'Amortissement effectuera le payement, jusqu'à concurrence de la valeur desdites rentes ou actions, au cours du moment de leur acquisition.

EXTRAIT
DU DÉCRET IMPÉRIAL DU 6 MARS 1808.

ARTICLE PREMIER.

La Régie de l'Enregistrement et du Domaine est autorisée à céder l'hôtel de Toulouse et ses dépendances à la Banque de France.

ARTICLE 2.

Cette cession sera faite moyennant le versement par la Banque de France à la Caisse d'Amortissement, d'une somme de deux millions, dont le payement aura lieu, savoir : un million avant le 1er Avril prochain, un million avant le 1er Janvier 1809.

ARTICLE 3 A 7.

. . . .

Signé : NAPOLÉON.

Par l'Empereur :

Le Ministre Secrétaire-d'État, *signé :* Hugues-B. MARET.

ORGANISATION

DES

COMPTOIRS D'ESCOMPTE.

A Bayonne, le 18 Mai 1808.

NAPOLÉON, EMPEREUR DES FRANÇAIS, ROI D'ITALIE, ET PROTECTEUR DE LA *Confédération du Rhin*,

Vu notre Décret du 16 Janvier 1808 et le rapport de notre Ministre des Finances sur le projet d'organisation des Comptoirs d'Escompte de la Banque de France, délibéré par le Conseil général de la Banque,

Notre Conseil-d'État entendu,

Nous avons DÉCRÉTÉ ET DÉCRÉTONS ce qui suit :

L'ORGANISATION des Comptoirs de la Banque de France est et demeure définitivement arrêtée ainsi qu'il suit :

TITRE Ier.

De la formation des Comptoirs d'Escompte.

ARTICLE PREMIER.

Les Comptoirs que la Banque établira seront sous sa direction immédiate. Ils prendront le titre de *Comptoirs d'Escompte de la Banque de France.*

ARTICLE 2.

Le Conseil général de la Banque fera connaître successivement les villes dans lesquelles il se proposera d'établir des Comptoirs d'Escompte; aucun établissement ne sera fait que sur notre approbation donnée en Conseil-d'État.

Le fonds capital de chaque Comptoir d'Escompte sera fixé par le Conseil général. Il sera fourni par la Banque.

ARTICLE 3.

Les Comptoirs d'Escompte rendront compte, chaque semaine à la Banque, de leurs opérations.

Ils fourniront, à la fin de chaque semestre, un état général balancé, du résultat des opérations du semestre.

Ces comptes feront partie de ceux qui doivent être rendus au Gouvernement et aux actionnaires de la Banque.

ARTICLE 4.

Le bénéfice acquis par chaque Comptoir d'Escompte sera réglé tous les six mois, et porté au crédit de la Banque.

ARTICLE 5.

Les dépenses annuelles de chaque Comptoir d'Escompte seront arrêtées par le Conseil général de la Banque.

TITRE II.

Des opérations des Comptoirs d'Escompte.

ARTICLE 6.

Les opérations des Comptoirs d'Escompte seront les mêmes que celles déterminées par l'article 9 des Statuts de la Banque.

ARTICLE 7.

Le taux de l'Escompte, dans les Comptoirs, est fixé provisoirement à cinq pour cent l'an.

Chaque année, notre Ministre des Finances nous fera un rapport pour nous présenter les résultats des opérations de chaque Comptoir, et nous proposer, s'il y a lieu, la réduction du taux de l'Escompte.

ARTICLE 8 *.

Les Comptoirs feront provisoirement l'Escompte avec le numéraire qui leur sera fourni par la Banque.

Le Directeur et les Administrateurs proposeront, lorsqu'ils le jugeront utile et convenable, l'émission des billets; et, après avoir pris l'avis de la Chambre de commerce, le Conseil général de la Banque délibérera sur cette proposition, sur la quotité de l'émission et ses coupures en billets de deux cent cinquante francs et au-dessus; il soumettra sa délibération à notre Ministre des Finances, pour obtenir notre approbation en Conseil d'État.

ARTICLE 9.

La Banque de France aura le privilége exclusif d'émettre des billets de Banque dans les villes où elle aura établi des Comptoirs.

ARTICLE 10.

Les billets à émettre par les Comptoirs seront fournis par la Banque.

Ils porteront en titre le nom du Comptoir où ils devront être émis.

* Cet article a été abrogé par le Décret du 8 septembre 1810.

Le Conseil général de la Banque déterminera la forme des billets et les signatures dont ils devront être revêtus.

ARTICLE 11.

Les billets émis par les Comptoirs d'Escompte seront payables aux caisses des Comptoirs.

Dans les circonstances ordinaires, et lorsque les sommes ne seront pas assez considérables pour qu'il en résulte la moindre gêne, soit pour la Banque, soit pour les Comptoirs, les billets des Comptoirs pourront être échangés à la Banque de France, soit contre de l'argent, soit contre des billets de Banque, et les billets de Banque pourront être escomptés par tous les Comptoirs d'Escompte.

TITRE III.

De l'inscription des Actions de la Banque dans les Comptoirs d'Escompte, et des Certificats de transfert de cinq pour cent consolidés.

ARTICLE 12.

Les actions de la Banque, inscrites dans un Comptoir d'Escompte, seront seules admises, avec le cinq pour cent consolidé, valeur nominale, pour la garantie additionnelle des Effets à deux signatures, escomptés par le Comptoir, conformément aux articles 12 et 13 des Statuts de la Banque.

ARTICLE 13.

Les propriétaires d'actions de la Banque, résidant ou qui éliront domicile dans les villes où des Comptoirs d'Escompte seront établis, pourront y faire inscrire leurs actions sur des registres à ce destinés dans chaque Comptoir.

ARTICLE 14.

Les actions de la Banque qu'on voudra faire inscrire dans un Comptoir d'Escompte, seront transférées sur les registres de la Banque, au nom du Comptoir où l'inscription devra être faite.

Elles seront transférables dans le Comptoir où elles auront été inscrites, dans les formes voulues par les Statuts de la Banque.

ARTICLE 15.

Les actions de la Banque, inscrites dans les Comptoirs d'Escompte, seront transférables sur les registres de la Banque, si elles ne sont engagées au Comptoir pour la garantie des Effets escomptés.

ARTICLE 16.

Le nombre des actions de la Banque, inscrites dans les Comptoirs d'Escompte, ne pourra excéder la représentation du capital fixé pour chaque Comptoir, que par une délibération du Conseil général de la Banque.

ARTICLE 17.

Le cinq pour cent consolidé qu'on voudra affecter pour la garantie additionnelle des Effets à deux signatures à escompter dans les Comptoirs, sera transféré au nom de la Banque de France.

Il en sera délivré un certificat énonçant le capital transféré;

Les noms et demeure de celui pour le compte duquel le transfert aura été fait;

Le nom du Comptoir où cette garantie devra être donnée.

Ce certificat sera déposé dans le Comptoir; il en sera fait mention sur ses registres.

ARTICLE 18.

Le Dividende des actions de la Banque inscrites dans un Comptoir d'Escompte, et les arrérages du cinq pour cent consolidé transféré à la Banque pour la garantie des Effets escomptés par un Comptoir, seront payés aux caisses du Comptoir.

TITRE IV.

De la composition des Comptoirs d'Escompte.

ARTICLE 19.

L'administration de chaque Comptoir d'Escompte sera composée :

> D'un Directeur ;

> De douze Administrateurs au plus, et de six au moins, suivant l'importance du Comptoir ;

> Et de trois Censeurs.

Ils devront être résidants dans la ville où le Comptoir d'Escompte sera établi.

ARTICLE 20.

Les Censeurs seront nommés par le Conseil général de la Banque.

ARTICLE 21.

Les Administrateurs des Comptoirs d'Escompte seront nommés par le Gouverneur, sur une liste de présentation en nombre double de celui des membres à élire.

ARTICLE 22.

Le choix des candidats, pour la nomination des Administrateurs, sera provisoirement fait par le Conseil général de la Banque.

Lorsqu'il y aura un nombre d'actions de la Banque de France inscrites dans un Comptoir, représentant au moins la moitié du capital fixé pour un Comptoir, la liste double, pour le choix des Administrateurs, sera faite de la manière suivante :

Les cinquante plus forts actionnaires inscrits dans les registres du Comptoir éliront un nombre de candidats égal à celui des membres à nommer.

Le Conseil général de la Banque formera une liste d'un même nombre de candidats.

ARTICLE 23.

L'assemblée des actionnaires ayant droit de voter sera convoquée par le Directeur du Comptoir aux époques fixées par le Gouverneur.

Elle sera présidée par le Directeur.

El e procédera, pour les élections, dans les formes prescrites par les articles 25 et 26 des Statuts de la Banque.

ARTICLE 24.

La durée des fonctions des Administrateurs et des Censeurs des Comptoirs d'Escompte sera de trois ans.

Ils seront renouvelés par tiers chaque année.

Pendant les deux premières années, les Administrateurs et les Censeurs sortants seront désignés par le sort.

Les Administrateurs et les Censeurs pourront être réélus.

ARTICLE 25.

Les fonctions des Administrateurs et des Censeurs seront gratuites, sauf les droits de présence.

ARTICLE 26.

Le Directeur de chaque Comptoir sera nommé par nous, sur le rapport de notre Ministre des Finances, et sur la présentation qui lui sera faite de trois candidats par le Gouverneur de la Banque.

La nomination, la révocation et destitution des employés des Comptoirs d'Escompte seront exercées par le Gouverneur.

ARTICLE 27.

En cas de mort, de maladie ou autre empêchement légitime du Directeur d'un Comptoir, le Conseil d'administration nommera un de ses membres pour en remplir provisoirement les fonctions.

Avant d'entrer en fonctions,

Le Directeur de chaque Comptoir sera tenu de justifier de la propriété de trente actions de la Banque;

Les Administrateurs et les Censeurs, de celle de quinze actions;

Lesquelles seront inaliénables pendant toute la durée de leurs fonctions.

TITRE V.

De la direction de l'Administration des Comptoirs d'Escompte.

ARTICLE 28.

La direction des affaires des Comptoirs d'Escompte sera exercée par le Directeur.

Il signera la correspondance, ainsi que les endossements et acquits des Effets actifs du Comptoir.

Il présidera le Conseil d'administration et tous les Comités.

Les actions judiciaires seront exercées au nom des Régents de la Banque, à la requête du Gouverneur, poursuite et diligence du Directeur.

Article 29.

Le Directeur d'un Comptoir ne pourra présenter à l'Escompte aucun Effet revêtu de sa signature ou lui appartenant.

Article 30.

Le Conseil d'administration de chaque Comptoir sera composé du Directeur, des Administrateurs et des Censeurs.

Il surveillera toutes les parties de l'Établissement.

Il délibérera ses Règlements intérieurs.

Il fixera les sommes à employer aux Escomptes.

Il proposera l'état annuel des dépenses du Comptoir.

Il veillera à ce que le Comptoir ne fasse d'autres opérations que celles qui lui sont permises par les Statuts, et autorisées par la Banque.

Article 31.

Nul Effet ne pourra être escompté dans un Comptoir que sur la proposition des Administrateurs composant le Comité des Escomptes, et l'approbation formelle du Directeur.

Article 32.

Le Conseil d'administration de chaque Comptoir d'Escompte se réunira, au moins, deux fois chaque mois.

Il lui sera rendu compte de toutes les affaires du Comptoir.

Ses arrêtés se prendront à la majorité absolue des membres présents.

<h2 style="text-align:center">ARTICLE 33.</h2>

Aucune résolution ne pourra être délibérée dans le Conseil d'administration, sans le concours d'un nombre d'Administrateurs égal aux deux tiers de ceux composant le Comptoir, et la présence d'un Censeur.

<h2 style="text-align:center">ARTICLE 34.</h2>

Nulle délibération ne pourra être exécutée, si elle n'est revêtue de la signature du Directeur.

<h2 style="text-align:center">ARTICLE 35.</h2>

Les fonctions des Censeurs des Comptoirs d'Escompte seront les mêmes que celles déterminées par les articles 42, 43 et 44 des Statuts, pour les Censeurs de la Banque.

Les Censeurs des Comptoirs adresseront directement un rapport au Conseil général de la Banque de France, de l'exercice de leur surveillance, au moins une fois chaque mois.

<h2 style="text-align:center">ARTICLE 36.</h2>

Les Administrateurs de chaque Comptoir d'Escompte seront répartis en trois Comités :

Le Comité des Escomptes,
Le Comité des Livres et Portefeuilles,
Le Comité des Caisses.

<h2 style="text-align:center">ARTICLE 37.</h2>

L'organisation des Comités sera réglée par le Conseil général de la Banque, sur la proposition du Conseil d'administration de chaque Comptoir.

TITRE VI.

Dispositions générales.

ARTICLE 38.

Toutes dispositions ou traites des Comptoirs d'Escompte sur la Banque, ou de la Banque sur les Comptoirs d'Escompte, ne pourront être faites à plus de quinze jours de terme, sans autorisation de la Banque.

ARTICLE 39.

Les Comptoirs d'Escompte ne pourront faire entre eux aucune opération, sans une autorisation expresse de la Banque.

ARTICLE 40.

La surveillance particulière du gouvernement de la Banque sur les Comptoirs d'Escompte, sera exercée par un ou plusieurs Inspecteurs nommés par le Gouverneur.

Les Inspecteurs pourront être pris parmi les Régents.

Les honoraires ou indemnités des Inspecteurs seront fixés par le Conseil général de la Banque.

ARTICLE 41.

Les règlements intérieurs de chaque Comptoir d'Escompte seront soumis à l'approbation du Conseil général de la Banque.

ARTICLE 42.

Les dispositions de la Loi du 24 Germinal an XI,

Art. 6 et 7, concernant les Escomptes,

13 et 14, concernant les Assemblées d'actionnaires,

31 et 32, concernant les Émissions de billets,

et 33, concernant les Comptes-courants,

et l'article 21 de la Loi du 22 Avril 1806, concernant la Compétence,

sont applicables aux Comptoirs d'Escompte.

ARTICLE 43.

Les dispositions des Statuts de la Banque de France,

Art. 4, concernant le Transfert des actions et les oppositions dont elles peuvent être frappées,

5, 6 et 7, concernant la Dotation des titres héréditaires et l'Immobilisation des actions,

8 et 9, concernant les Opérations de la Banque,

11, 12, 13, 49, 50 et 51, concernant les Escomptes,

18, 19 et 20, concernant les Dépôts volontaires,

25 et 26, concernant les Élections,

42, 43 et 44, concernant les Censeurs,

sont aussi applicables aux Comptoirs d'Escompte.

ARTICLE 44.

Notre Ministre des Finances est chargé de l'exécution du présent Décret, qui sera inséré au *Bulletin des Lois* avec notre Décret du 16 Janvier 1808.

Signé : **NAPOLÉON.**

Par l'Empereur :

Le Ministre Secrétaire-d'État, *signé :* Hugues-B. MARET.

DÉCRET IMPÉRIAL

QUI AUTORISE

L'ÉTABLISSEMENT DE COMPTOIRS D'ESCOMPTE

A LYON ET A ROUEN.

A Bayonne, le 24 Juin 1808.

Napoléon, Empereur des Français, Roi d'Italie et Protecteur de la *Confédération du Rhin*,

Vu nos Décrets des 16 Janvier et 18 Mai 1808, portant organisation de Comptoirs d'Escompte dans les villes où les besoins du commerce en feront sentir la nécessité, et que le Conseil général de la Banque de France désignera successivement celles où il se propose d'en établir;

Vu les délibérations du Conseil général de la Banque du 2 de ce mois, et dans lesquelles il émet le vœu qu'il soit établi des Comptoirs d'Escompte dans les villes de Lyon et Rouen;

Sur le rapport de notre Ministre des Finances,

Notre Conseil-d'État entendu,

Nous avons décrété et décrétons ce qui suit :

ARTICLE PREMIER.

La Banque de France est autorisée à établir un Comptoir d'Escompte dans chacune des villes de Lyon et Rouen, en se conformant à ce qui a été déterminé à ce sujet par notre Décret du 18 Mai dernier.

ARTICLE 2.

Notre Ministre des Finances est chargé de l'exécution du présent Décret.

Signé : **NAPOLÉON.**

Par l'Empereur :

Le Ministre Secrétaire-d'État, *signé :* Hugues-B. MARET.

PENSIONS DE RETRAITE.

DE LA CAISSE DE RÉSERVE

POUR

LES EMPLOYÉS DE LA BANQUE.

STATUTS.

ARTICLE 23.

La Banque tient une Caisse de réserve pour ses employés : cette réserve se compose d'une retenue sur les traitements. La quotité; l'emploi et la distribution de la réserve sont délibérés par le Conseil général, et soumis à l'approbation du Gouvernement.

DÉCRET IMPÉRIAL DU 28 AOUT 1808.

NAPOLÉON, EMPEREUR DES FRANÇAIS, ROI D'ITALIE ET PROTECTEUR DE LA *Confédération du Rhin,*

Vu la délibération du Conseil général de la Banque de France du 12 Mai 1808, portant règlement pour la Caisse de réserve des employés de la Banque de France et des Comptoirs d'Escompte, dont la teneur suit :

TITRE Ier.

De la Retenue.

ARTICLE PREMIER.

Le traitement de tous les employés de la Banque de France et des Comptoirs d'Escompte est soumis à une retenue du cinquantième, soit deux pour cent du montant du traitement.

ARTICLE 2.

Cette retenue est destinée à former une Caisse de réserve pour les employés de la Banque et des Comptoirs d'Escompte.

Elle sert à leur assurer, ainsi qu'à leurs veuves et à leurs enfants, des pensions de retraite et des secours dans les cas déterminés ci-après.

TITRE II.

Des Pensions de Retraite.

ARTICLE 3.

Les employés de la Banque et des Comptoirs d'Escompte obtiennent la pension de retraite :

1° A tout âge, après trente ans de service ;

2° A soixante ans, après vingt ans de service ;

3° A soixante-dix ans, après dix ans de service, ou dans les cas d'accidents bien constatés ou d'infirmités qui mettent pour toujours dans l'impossibilité de travailler.

ARTICLE 4.

Pour déterminer la fixation de la pension, il est fait une année moyenne du traitement fixe dont les réclamants ont joui pendant les trois dernières années de leur service.

Les gratifications et les indemnités pour logement, qui ont pu leur être accordées pendant ces trois ans, ne font point partie de ce calcul.

ARTICLE 5.

La pension accordée après trente ans de service est du tiers de la somme réglée par l'article précédent.

Après vingt ans de service, elle est du quart.

Après dix ans, elle est du cinquième.

Elle s'accroît d'un vingtième pour chaque année de service au-dessus des nombres fixés par le présent article.

Le *maximum* de la pension ne peut excéder la moitié du traitement annuel réglé par l'article 4.

ARTICLE 6.

Les années de service effectif sont comptées :

1° Pour les employés de la Caisse d'Escompte du commerce et des Comptes-courants admis à la Banque, à compter depuis leur entrée dans ces Établissements ;

2° Pour les autres, depuis leur entrée à la Banque de France ou dans les Comptoirs d'Escompte, *avec appointements*.

ARTICLE 7.

Nul ne peut jouir de la pension, tant qu'il touche un traitement d'activité, soit à la Banque, soit dans tout autre Établissement ou maison de commerce.

TITRE III.

Des Pensions accordées aux veuves et orphelins.

ARTICLE 8.

Les pensions accordées aux veuves et orphelins ne peuvent excéder la moitié de celle à laquelle le décédé avait droit.

Ces pensions ne sont accordées qu'aux veuves et enfants des employés décédés en activité de service, ou ayant pension de retraite.

Les veuves n'y ont droit qu'autant qu'elles sont mariées depuis cinq ans, et non divorcées, et qu'elles n'ont point contracté de nouveau mariage.

Dans le cas où le décédé n'a pas acquis de droit à une pension, la veuve ni les enfants ne peuvent y prétendre.

ARTICLE 9.

Si l'employé laisse une veuve sans aucun enfant au-dessous de l'âge de quinze ans, la pension est du quart de celle qui eût été accordée à son époux, si elle eût été fixée à l'époque de son décès.

Dans le cas où le décédé a laissé à la charge de sa veuve un ou plusieurs enfants au-dessous de quinze ans, la pension peut être augmentée, pour chacun de ses enfants, du vingtième de celle qui serait réglée pour le décédé, sans toutefois que la totalité de la somme à accorder à la veuve, tant pour elle que pour ses enfants, puisse jamais excéder le double de celle qu'elle eût obtenue dans la première hypothèse.

ARTICLE 10.

Si la veuve décède avant que les enfants provenant de son mariage avec l'employé son défunt mari, aient atteint l'âge de quinze ans, sa pension est réversible à ses enfants, qui en jouiront par égale portion jusqu'à l'âge de quinze ans, mais sans réversibilité des uns aux autres.

ARTICLE 11.

Si les employés ne laissent pas de veuves, mais seulement des orphelins, il peut leur être accordé des secours jusqu'à ce qu'ils aient atteint l'âge de quinze ans.

La quotité est fixée, pour chacun, à la moitié de ce qu'aurait eu leur mère, si elle avait survécu à son mari.

Néanmoins la pension à accorder à tous les enfants ensemble, ne pourra jamais excéder la moitié de celle dont le père jouissait, ou à laquelle il aurait eu droit.

La pension qui, d'après les précédentes dispositions, peut revenir à un ou plusieurs des enfants, leur est conservée toute leur vie, s'ils sont infirmes, et, par l'effet de ces infirmités, reconnus hors d'état de travailler pour subvenir à leurs besoins.

TITRE IV.

Des cas de suspension et de privation du droit à la pension de retraite.

ARTICLE 12.

Nul employé démissionnaire n'a droit de prétendre au remboursement des retenues exercées sur son traitement, ni à aucune indemnité en conséquence; mais si, par la suite, il était admis à rentrer à la Banque, le temps de son premier service effectif lui comptcrait pour sa pension.

Article 13.

Tout employé destitué perd ses droits à la pension, quand même il aurait le temps de service nécessaire pour l'obtenir. Il ne peut prétendre ni au remboursement des sommes retenues sur son traitement pour les pensions, ni à aucune indemnité équivalente.

Article 14.

Les employés qui perdront leur place par suppression ou réforme, peuvent réclamer le montant des sommes qu'on leur a retenues; mais le remboursement leur en est fait sans intérêt.

TITRE V.

Des secours extraordinaires.

Article 15.

Il peut être distrait des fonds de retenue une somme applicable à des secours extraordinaires et une fois payés, sans que, dans aucun cas, cette somme puisse excéder trois mille francs par an.

Ces secours sont distribués :

1° A des employés qui éprouvent des maladies ou accidents graves, et qui sont notoirement connus pour n'avoir pu se ménager les moyens de suffire à ces événements, soit à raison de leur nombreuse famille, soit pour toute autre cause qui ne serait pas celle d'inconduite;

2° Aux veuves ou enfants des employés de cette même classe,

lorsque les services de leur mari ou de leur père ne leur auront
pas donné droit à la pension.

ARTICLE 16.

Ceux qui, étant entrés âgés à la Banque, ont le moins d'espoir
de parvenir aux années de service prescrites pour la pension, sont,
ainsi que leurs veuves, plus avantageusement traités dans la distri-
bution des secours.

TITRE VI.

Mode de comptabilité, et dispositions générales.

ARTICLE 17.

Chaque mois, dans les états d'appointements, on forme une
colonne qui contient les retenues à faire.

Le montant de ces retenues est porté au crédit d'un compte
ouvert sur les livres de la Banque à Paris, portant le titre de *Caisse
de réserve des employés de la Banque de France et des Comptoirs
d'Escompte.*

ARTICLE 18.

Les fonds disponibles de cette Caisse sont employés en actions
de la Banque.

ARTICLE 19.

Les brevets de pension ne sont accordés que sur un rapport
spécial, et d'après une délibération du Conseil général constatant
que les droits à la pension ont été vérifiés.

Il en est de même des secours distribués d'après le titre V.

ARTICLE 20.

Les pensions sont payables par trimestre à la Banque de France, ou dans les Comptoirs d'Escompte, sur la représentation du brevet et d'un certificat de vie.

ARTICLE 21.

Il n'est accordé de pensions que pour le montant des retenues annuelles et de l'intérêt annuel du capital de la Caisse de réserve. En cas de concurrence entre plusieurs employés réclamant la pension, l'ancienneté de service d'abord, et ensuite l'âge et les infirmités décident la préférence.

ARTICLE 22.

Chaque année l'état de situation de la Caisse de réserve est imprimé et distribué aux employés de la Banque.

Sur le rapport de notre Ministre des Finances,

Notre Conseil-d'État entendu,

Nous avons DÉCRÉTÉ ET DÉCRÉTONS ce qui suit :

ARTICLE PREMIER.

La délibération du Conseil général de la Banque de France du 12 Mai 1808 est approuvée.

ARTICLE 2.

Notre Ministre des Finances est chargé de l'exécution du présent Décret.

Signé : **NAPOLÉON.**

Par l'Empereur,

Le Ministre Secrétaire-d'État, *signé :* Hugues-B. MARET.

Pour copie conforme,

Le Ministre des Finances, *signé :* GAUDIN.

DÉPOTS VOLONTAIRES.

Extrait des Minutes de la Secrétairerie d'État.

Au palais de Saint-Cloud, le 3 Septembre 1808.

Napoléon, Empereur des Français, Roi d'Italie, Protecteur de la *Confédération du Rhin*, Médiateur de la *Confédération Suisse*,

Vu les articles 9, 18 et 19 des Statuts de la Banque de France, décrétés le 16 Janvier 1808, qui l'autorisent à tenir une Caisse de Dépôts volontaires;

Vu la délibération prise à ce sujet par le Conseil général de la Banque le 23 Juin dernier, et celle prise par le susdit Conseil le 18 Août suivant, dont la teneur suit :

ARTICLE PREMIER.

« Les Dépôts volontaires admis à la Banque de France, en con-
» séquence des articles 9, 18 et 19 des Statuts, sont :

» 1° Les Effets publics, nationaux et étrangers;

» 2° Les Actions, Contrats et Obligations de toute espèce;

» 3° Les Lettres de change, Billets et tous engagements à ordre
» ou au porteur;

» 4° Les Lingots d'or et d'argent;

» 5° Toutes Monnaies d'or et d'argent nationales et étrangères;

» 6° Les Diamants.

ARTICLE 2.

» Au moment où le Dépôt est fait, la Banque perçoit un droit
» de garde sur la valeur estimative du Dépôt.

» Ce droit ne peut excéder un huitième d'un pour cent de la
» valeur du Dépôt, pour chaque période de six mois et au-dessous;
» le Dépôt sera censé renouvelé, par cela seul qu'il n'aura pas été
» retiré à l'expiration du sixième mois.

» Le droit de garde sur les Dépôts d'une valeur au-dessous de
» cinq mille francs, est perçu sur le pied de cinq mille francs.

ARTICLE 3.

» Si les déposants veulent retirer le Dépôt avant le délai, le
» droit perçu reste acquis à la Banque. »

Sur le rapport de notre Ministre des Finances,

Notre Conseil-d'État entendu,

Nous avons DÉCRÉTÉ ET DÉCRÉTONS ce qui suit :

ARTICLE PREMIER.

La délibération du Conseil général de la Banque de France du
18 Août dernier est approuvée.

ARTICLE 2.

Notre Ministre des Finances est chargé de l'exécution du présent
Décret.

Signé : **NAPOLÉON.**

Par l'Empereur :

Le Ministre Secrétaire-d'État, Hugues-B. MARET.

Pour copie conforme,

Le Ministre des Finances, *signé :* GAUDIN.

DÉCISION DE SA MAJESTÉ,

DU 8 FÉVRIER 1810,

RELATIVE A LA RETENUE DU 10ᵉ SUR LE REVENU DES MAJORATS.

*Copie de la Lettre du Ministre des Finances, du 18 Février 1810,
au Gouverneur de la Banque de France.*

J'ai l'honneur de vous prévenir, Monsieur le Comte, que *S. M.
a décidé, le 8 de ce mois,* « que la réserve que fait la Banque sur
» le Dividende des actions, laquelle ajoute progressivement au
» capital de l'action, produisant le même effet que la retenue
» opérée sur les rentes au grand-livre, comprises dans les Majorats,
» il n'y avait pas lieu d'exercer sur les actions de la Banque affec-
» tées aux Majorats, la retenue du dixième, ordonnée par le
» Décret du 1ᵉʳ Mars 1808. »

Je vous prie, Monsieur le Comte, d'agréer, etc.

Le Ministre des Finances, *signé :* le Duc de GAETE.

EXTRAIT
DU DÉCRET IMPÉRIAL
QUI ORDONNE L'ÉTABLISSEMENT D'UN COMPTOIR D'ESCOMPTE

A LILLE.

Au Hàvre, le 29 Mai 1810.

NAPOLÉON, EMPEREUR DES FRANÇAIS, ROI D'ITALIE, PROTECTEUR DE LA *Confédération du Rhin*, MÉDIATEUR DE LA *Confédération Suisse*,

Nous avons DÉCRÉTÉ ET DÉCRÉTONS ce qui suit :

TITRE II.

ARTICLE 10.

Notre bonne ville de Lille aura un Comptoir d'Escompte de la Banque de France, dont l'organisation nous sera présentée avant le 1er Juillet prochain.

ARTICLE 11.

Notre Grand-Juge, Ministre de la Justice, nos Ministres de l'Intérieur et des Finances, sont chargés, chacun en ce qui le concerne, de l'exécution de notre présent Décret.

Signé : NAPOLÉON.

Par l'Empereur :

Le Ministre Secrétaire-d'État, *signé :* H.-B. Duc de BASSANO.

COMPTOIRS D'ESCOMPTE.

Extrait des Minutes de la Secrétairerie d'État.

Au palais de Saint-Cloud, le 8 Septembre 1810.

NAPOLÉON, EMPEREUR DES FRANÇAIS, ROI D'ITALIE, PROTECTEUR DE LA *Confédération du Rhin*, MÉDIATEUR DE LA *Confédération Suisse*,

Sur le rapport de nos Ministres de l'Intérieur, du Trésor et des Finances,

Vu l'article 8 du Décret impérial du 18 Mai 1808, concernant les Comptoirs d'Escompte,

Nous avons DÉCRÉTÉ ET DÉCRÉTONS ce qui suit :

ARTICLE PREMIER.

La Banque de France exercera son privilége dans les villes où les Comptoirs d'Escompte sont établis, de la même manière qu'elle est autorisée à l'exercer à Paris.

ARTICLE 2.

Notre Décret du 18 Mai 1808 continuera d'être exécuté en tout ce qui n'est pas contraire au présent.

ARTICLE 3.

Notre Ministre des Finances est chargé de l'exécution du présent Décret.

Signé : NAPOLÉON.

Par l'Empereur :

Le Ministre Secrétaire-d'État, *signé :* H.-B. Duc de BASSANO.

Pour copie conforme,

Le Ministre des Finances, *signé :* le Duc de GAETE.

AVIS DU CONSEIL D'ÉTAT,

DU 30 JANVIER 1811,

SUR LA GESTION DES BIENS DES MAJORATS,

PENDANT LA MINORITÉ DES TITULAIRES.

Le Conseil-d'État qui, en exécution du renvoi ordonné par S. M., a entendu le rapport de la section de législation, sur celui du Conseil du sceau des titres, présenté par S. A. S. le Prince Archichancelier, expositif qu'il s'est élevé des difficultés sur la jouissance, l'administration et l'emploi des revenus des Majorats pendant la minorité de leurs titulaires;

Vu les Statuts et Décrets de S. M., relatifs aux Majorats, et notamment les articles 47, 48, 49 et 50 du second Statut du 1ᵉʳ Mars 1808;

Vu également les articles 387 et 389 du Code civil,

Est d'avis,

1° Qu'il doit être pourvu à l'administration et à l'emploi du revenu des Majorats, pendant la minorité de leurs titulaires, conformément aux règles prescrites par le Code civil, à l'égard des biens désignés dans l'article 387 dudit Code;

2° Que le présent Avis soit inséré au *Bulletin des Lois*.

DÉCRET

DU 25 SEPTEMBRE 1813,

SUR LES MINEURS OU INTERDITS,

PROPRIÉTAIRES DE PORTIONS D'ACTION DE LA BANQUE, N'EXCÉDANT
PAS UNE ACTION.

ARTICLE PREMIER.

Les dispositions de la Loi du 24 Mars 1806, relatives au transfert·
d'inscriptions de cinq pour cent consolidés, appartenant à des mi-
neurs ou interdits, sont rendues applicables aux mineurs ou
interdits, propriétaires d'actions ou portions d'action de la Banque
de France, toutes les fois qu'ils n'auraient qu'une action ou un
droit dans plusieurs actions, n'excédant pas en totalité une action.

ARTICLE 2.

Notre Grand-Juge Ministre de la Justice et notre Ministre des
Finances sont respectivement chargés de l'exécution du présent
Décret, qui sera inséré au *Bulletin des Lois*.

LOI DU 24 MARS 1806.

ARTICLE PREMIER.

« Les tuteurs et curateurs de mineurs ou interdits, qui n'au-
» raient en inscriptions ou promesses d'inscriptions de cinq pour
» cent consolidés, qu'une rente de cinquante francs et au-dessous,

» en pourront faire le transfert sans qu'il soit besoin d'autorisation
» spéciale, ni d'affiches, ni de publication, mais seulement d'après
» le cours constaté du jour, et à la charge d'en compter comme
» du produit des meubles.

Article 2.

» Les mineurs émancipés qui n'auraient de même en inscrip-
» tions ou promesses d'inscriptions qu'une rente de cinquante
» francs et au-dessous, pourront également les transférer avec la
» seule assistance de leurs curateurs, et sans qu'il soit besoin d'avis
» de parents ou d'aucune autorisation.

Article 3.

» Les inscriptions ou promesses d'inscriptions au-dessus de cin-
» quante francs de rente, ne pourront être vendues par les tu-
» teurs ou curateurs qu'avec l'autorisation du conseil de famille, et
» suivant le cours du jour légalement constaté ; dans tous les cas,
» la vente pourra s'effectuer sans qu'il soit besoin d'affiches ni de
» publication. »

ORDONNANCE DU ROI

DONNÉE A PARIS, LE 5 FÉVRIER 1817.

SUPPRESSION DES COMPTOIRS DE LYON ET DE ROUEN.

LOUIS, par la grâce de Dieu, ROI DE FRANCE ET DE NAVARRE,

Sur le compte qui nous a été rendu par notre Ministre Secrétaire-d'État des Finances de la demande faite par le Conseil général de la Banque de France, pour la suppression des Comptoirs d'Escompte établis à Lyon et à Rouen par Décret du 24 Juin 1808, demande fondée sur le défaut d'usage et d'utilité de ces Institutions pour les villes dans lesquelles elles sont établies, et sur les dépenses qui en résultent pour la Banque et desquelles elle n'est couverte par aucun bénéfice;

De l'avis de notre Conseil, avons ORDONNÉ ET ORDONNONS :

La Banque de France est autorisée à supprimer les Comptoirs d'Escompte qu'elle avait établis à Lyon et à Rouen, par suite du Décret du 24 Juin 1808.

Notre Ministre Secrétaire-d'État des Finances est chargé de l'exécution de la présente Ordonnance.

Donné au château des Tuileries, le 5 Février de l'an de grâce 1817, et de notre règne le 22ᵉ.

Signé : LOUIS.

Par le Roi :

Le Ministre Secrétaire-d'État des Finances,

Signé : Comte Corvetto.

Pour ampliation,

Le Secrétaire général des Finances,

Signé : Lefevre.

Nota.—Il n'y a pas eu d'Ordonnance royale pour la suppression du Comptoir d'Escompte établi à Lille. La liquidation s'en était opérée naturellement vers la fin de l'année 1813.

PAYEMENT DE LA DETTE PUBLIQUE.

Extrait de la Loi des Finances (du 25 Mars 1817).

TITRE X.

AFFECTATION DES REVENUS PARTICULIERS A LA DETTE PUBLIQUE.

ARTICLE 139.

Les produits nets de l'enregistrement, du timbre et des domaines, et ceux des Administrations des postes et de la loterie, sont affectés au payement des intérêts de la dette perpétuelle et au service de la Caisse d'Amortissement.

La portion attribuée à cette Caisse dans lesdits produits est fixée à la somme de quarante millions.

ARTICLE 140.

Le Ministre des Finances est autorisé à traiter, soit avec la Banque de France, soit avec la Caisse des Dépôts et Consignations, pour le payement des intérêts de la dette perpétuelle et le service de l'amortissement, au moyen de l'assignation des produits ci-dessus affectés.

ARTICLE 141.

Les Receveurs généraux des Finances ne pourront être définitivement libérés des montants de ces produits nets, que par les Récépissés de l'Établissement qui sera chargé de ces services.

Il sera remis par le Ministre à cet Établissement, dix jours au moins avant l'ouverture de chaque semestre, l'état de payement de ce semestre.

ARTICLE 142.

Le budget et le compte du revenu affectés au payement de la dette perpétuelle et du fonds d'amortissement, seront distraits du budget et du compte ordinaire de chaque exercice, et présentés séparément aux Chambres.

LOI
DU 4 JUILLET 1820

AUTORISANT LA RÉPARTITION DE LA RÉSERVE.

Louis, par la grâce de Dieu, etc., etc.

ARTICLE PREMIER.

Les bénéfices de la Banque acquis aux actionnaires et mis en réserve jusqu'au 31 Décembre 1819, en exécution de la Loi du 22 Avril 1806, lesquels, déduction faite de la somme de francs 3,875,472,04 centimes pour l'acquisition de l'hôtel de la Banque et des dépendances, s'élèvent à la somme de francs 13,768,527, 96 centimes, seront répartis aux propriétaires des soixante-sept mille neuf cents actions actuellement en circulation.

ARTICLE 2.

Les bénéfices mis en réserve en exécution de la Loi du 24 Germinal an XI (14 Avril 1803) montant à la somme de francs 7,760,650,76 centimes, dont l'emploi a été fait conformément aux dispositions de cette Loi, continueront provisoirement de rester en réserve.

RÉMOBILISATION DES ACTIONS.

AVIS DU CONSEIL D'ÉTAT.

Extrait du Procès-verbal des séances extraordinaires de plusieurs Comités du Conseil-d'État, réunis sur la demande spéciale des Ministres.

(Séance du 18 Août 1825.)

Les Comités du Contentieux et des Finances réunis par ordre de M. le Garde des Sceaux, su la demande de son Excellence le Ministre des Finances, pour délibérer sur la question de savoir si les actions de la Banque de France, qui ont été immobilisées en vertu de l'article 7 du Décret du 16 Janvier 1808, peuvent être rémobilisées à la demande des parties, soit en vertu du droit commun, soit en réglant cette rémobilisation par une Loi ou par une Ordonnance royale.

Vu ledit article 7;

Vu l'article 1er du Décret du 21 Décembre 1808, et l'article 6 de celui du 4 Juin 1809, concernant la rémobilisation des actions de Banque qui auraient été affectées à des Majorats;

Vu l'Avis des jurisconsultes de la Banque, et les observations du Conseil général de cet Établissement, en date du 10 Août 1824;

Considérant, etc.

Sont d'avis que la législation actuelle ne permet pas de rémobiliser les actions de la Banque de France qui ont reçu le caractère d'immeuble, en conformité de l'article 7 des Statuts, et qu'il n'y a pas lieu de solliciter un changement à cette législation.

BONS ROYAUX.

Extrait de la Loi des Finances du 6 Juillet 1826.

TITRE III.

MOYENS DE SERVICE.

ARTICLE 6.

Le Ministre des Finances est autorisé à créer, pour le service de la Trésorerie et les négociations avec la Banque de France, des Bons royaux portant intérêt, et payables à échéance fixe.

Les Bons royaux en circulation ne pourront pas excéder cent vingt-cinq millions.

Dans le cas où cette somme serait insuffisante pour les besoins du service, il y sera pourvu au moyen d'une émission supplémentaire qui devra être autorisée par Ordonnance du Roi, et dont il sera rendu compte à la prochaine session des Chambres.

LOI

DU 6 DÉCEMBRE 1831

AUTORISANT LA SECONDE ET DERNIÈRE RÉPARTITION DE LA RÉSERVE.

LOUIS-PHILIPPE, ROI DES FRANÇAIS, etc., etc.

ARTICLE PREMIER.

Les bénéfices de la Banque de France acquis aux actionnaires et mis en réserve depuis le 1ᵉʳ Juillet 1820 jusqu'au 30 Juin 1831, en exécution de la Loi du 22 Avril 1806, montant à la somme de 9,974,398 francs, seront répartis aux propriétaires des soixante-sept mille neuf cents actions actuellement en circulation.

ARTICLE 2.

Les bénéfices mis en réserve, en exécution de la Loi du 24 Germinal an XI, et ceux qui proviendront du tiers dont la retenue est prescrite par la Loi du 22 Avril 1806, continueront de demeurer en réserve, jusqu'à ce qu'il en soit autrement ordonné par une Loi.

EXTRAIT DE LA LOI

CONTENANT

DES MODIFICATIONS AU CODE PÉNAL

ET AU CODE D'INSTRUCTION CRIMINELLE.

Au palais des Tuileries, le 28 Avril 1832.

LOUIS-PHILIPPE, ROI DES FRANÇAIS, à tous présents et à venir, SALUT.

Les Chambres ont adopté, nous avons ORDONNÉ ET ORDONNONS ce qui suit :

TITRE II.

ARTICLE 52.

Ceux qui auront contrefait ou falsifié, soit des Effets émis par le Trésor public avec son timbre, soit des billets de Banques autorisées par la Loi, ou qui auront fait usage de ces Effets et billets contrefaits ou falsifiés, ou qui les auront introduits dans l'enceinte du territoire français, seront punis des travaux forcés à perpétuité.

LOI

DU 17 MAI 1834.

FIXATION DE LA RÉSERVE ; — AVANCES SUR RENTES ; — RÉMOBILISATION DES ACTIONS.

———

Louis-Philippe, Roi des Français, etc., etc.

ARTICLE PREMIER.

Le fonds de réserve à maintenir par la Banque de France sur ses bénéfices acquis, aux termes de l'article 8 de la Loi du 24 Germinal an XI (14 Avril 1803), et de l'article 4 de la Loi du 22 Avril 1806, est et demeure fixé à la somme de dix millions, représentés par cinq cent mille francs de rente cinq pour cent, indépendamment de la portion dudit fonds de réserve employée à l'achat de l'hôtel de la Banque, et aux constructions qu'elle y a ajoutées.

ARTICLE 2.

A l'avenir, les bénéfices nets de la Banque de France ne seront sujets à d'autres retenues que celles qui deviendraient nécessaires pour remplacer les prélèvements qu'il y aurait eu lieu d'opérer sur la réserve, et pour la maintenir à la somme déterminée par l'article 1er ci-dessus.

ARTICLE 3.

La faculté accordée à la Banque de France par l'article 16 des Statuts du 16 Janvier 1808 est étendue à tous les Effets publics français, sans que la condition d'une échéance fixe soit obligatoire.

ARTICLE 4.

Les dispositions générales qui régleront le mode d'exécution de l'article 3 ci-dessus, devront être approuvées par une Ordonnance royale.

ARTICLE 5.

Les propriétaires d'actions immobilisées de la Banque de France, qui voudront rendre à ces actions leur qualité première d'Effets mobiliers, seront tenus d'en faire la déclaration à la Banque. Cette déclaration, qui devra contenir l'établissement de la propriété des actions en la personne du réclamant, sera transcrite au bureau des hypothèques de Paris, et soumise, s'il y a lieu, aux formalités de purge légale auxquelles les contrats de vente immobilière sont assujettis.

Le transfert de ces actions ne pourra être opéré qu'après avoir justifié à la Banque de l'accomplissement des formalités voulues par la Loi, pour purger les hypothèques de toute nature et d'un certificat de non-inscription.

ARTICLE 6.

Sont abrogées toutes dispositions contraires à celles de la présente Loi.

ORDONNANCE DU ROI

Qui règle le mode d'exécution de l'article 3 de la Loi du 17 Mai 1834.

AVANCES SUR EFFETS PUBLICS FRANÇAIS

A ÉCHÉANCE NON DÉTERMINÉE.

A Neuilly, le 15 Juin 1834.

LOUIS-PHILIPPE, ROI DES FRANÇAIS, etc., etc.,

Vu l'article 16 du Décret du 16 Janvier 1808;

Vu l'article 3 de la Loi du 17 Mai dernier, qui étend aux Effets publics français dont l'échéance n'est pas déterminée, la faculté accordée à la Banque par l'article 16 de ses Statuts fondamentaux;

Vu l'article 4 de la même Loi, qui statue que les dispositions générales qui régleront le mode d'exécution de l'article 3 seront approuvées par Ordonnance royale;

Sur le rapport de notre Ministre Secrétaire-d'État des Finances,

Nous avons ORDONNÉ ET ORDONNONS ce qui suit :

ARTICLE PREMIER.

Le Conseil général de la Banque de France fixera, lors de sa première réunion de chaque semaine, la somme qui pourra être employée à des avances sur Effets publics français, à échéance non déterminée.

ARTICLE 2.

L'avance ne pourra excéder les quatre cinquièmes de la valeur des Effets présentés, d'après leurs cours au comptant, la veille du jour où l'avance sera faite. Ces Effets seront immédiatement transférés à la Banque.

ARTICLE 3.

L'emprunteur souscrira envers la Banque l'engagement de rembourser, dans un délai qui ne pourra excéder trois mois, les sommes qui lui auront été fournies.

ARTICLE 4.

Cet engagement contiendra, en outre, de la part de l'emprunteur, l'obligation de couvrir la Banque du montant de la baisse qui pourrait survenir dans le cours des Effets par lui transférés, toutes les fois que cette baisse atteindra dix pour cent.

ARTICLE 5.

Faute par l'emprunteur de satisfaire à l'engagement souscrit en vertu des articles 3 et 4 ci-dessus, la Banque aura le droit de faire vendre à la Bourse, par le ministère d'un Agent-de-change, tout ou partie des Effets qui lui auront été transférés, savoir :

1° A défaut de couverture, trois jours après une simple mise en demeure par acte extrajudiciaire;

2° A défaut de remboursement, dès le lendemain de l'échéance, sans qu'il soit besoin de mise en demeure, ni d'aucune autre formalité.

La Banque se remboursera, sur le produit net de la vente, du montant de ses avances en capital, intérêts et frais. Le surplus, s'il y en a, sera remis à l'emprunteur.

Ces conditions seront exprimées et consenties par l'emprunteur dans l'engagement prescrit par les articles 3 et 4 ci-dessus.

Article 6.

Notre Ministre Secrétaire-d'État des Finances est chargé de l'exécution de la présente Ordonnance.

Signé : **LOUIS-PHILIPPE.**

Par le Roi :

Le Ministre Secrétaire-d'État des Finances, *signé :* Humann.

ORDONNANCE DU ROI

Qui autorise la Banque de France à établir un Comptoir d'Escompte dans la ville de RHEIMS (Marne).

Au Palais des Tuileries, le 6 Mai 1836.

LOUIS-PHILIPPE, ROI DES FRANÇAIS, etc., etc.,

Vu le Décret du 16 Janvier 1808, par lequel ont été arrêtés les Statuts de la Banque de France; vu spécialement l'article 10 de ce même Décret;

Vu le Décret du 18 Mai 1808, relatif à l'organisation des Comptoirs d'Escompte de la Banque de France;

Vu les délibérations en dates des 17 et 28 Mars 1836, par lesquelles le Conseil général de la Banque émet le vœu qu'il soit établi un Comptoir d'Escompte dans la ville de Rheims, en demandant diverses modifications aux dispositions du Décret du 18 Mai 1808;

Sur le rapport de notre Ministre Secrétaire-d'État au département des Finances;

Notre Conseil-d'État entendu,

Nous avons ORDONNÉ ET ORDONNONS ce qui suit :

ARTICLE PREMIER.

La Banque de France est autorisée à établir un Comptoir d'Escompte dans la ville de Rheims, département de la Marne.

Les opérations de ce Comptoir seront les mêmes que celles de la Banque de France, et seront exécutées sous la direction et la surveillance du Conseil général, conformément aux dispositions du Décret du 18 Mai 1808, sauf les modifications résultant de la présente Ordonnance.

ARTICLE 2.

Le taux de l'Escompte du Comptoir de Rheims sera fixé par le Conseil général de la Banque de France.

ARTICLE 3.

Les rentes sur l'État, à quelque taux d'intérêt qu'elles soient constituées, seront admises comme garantie additionnelle des Effets à escompter qui se trouveront dans le cas prévu par l'article 17 du Décret du 18 Mai 1808.

ARTICLE 4.

Le Comptoir de Rheims pourra prêter sur Effets publics à échéances déterminées, suivant l'article 16 des Statuts de la Banque, du 16 Janvier 1808.

Il aura également la faculté de prêter sur Effets publics à échéances non déterminées, en se conformant à la Loi du 17 Mai 1834 et à l'Ordonnance du 15 Juin suivant.

ARTICLE 5.

Le nombre d'actions dont la propriété doit être justifiée par les Directeur, Administrateurs et Censeurs, conformément à l'article 27 du même Décret, est réduit, savoir :

Pour le Directeur, à vingt actions;

Pour les Administrateurs et Censeurs, à dix actions.

Article 6.

Notre Ministre Secrétaire-d'État des Finances est chargé de l'exécution de la présente Ordonnance, qui sera insérée au *Bulletin des Lois.*

Signé : LOUIS-PHILIPPE.

Par le Roi :

Le Pair de France, Ministre Secrétaire-d'État des Finances,
Signé : Comte d'Argout.

ORDONNANCE DU ROI

*Qui autorise la Banque de France à établir un Comptoir d'Escompte
dans la ville de Saint-Étienne (Loire).*

A Neuilly, 17 Juin 1836.

Louis-Philippe, Roi des Français, etc., etc.,

Vu le Décret du 16 Janvier 1808, par lequel ont été arrêtés les Statuts de la Banque de France ; vu spécialement l'article 10 du même Décret ;

Vu le Décret du 18 Mai 1808, relatif à l'organisation des Comptoirs d'Escompte de la Banque de France ;

Vu la délibération en date du 21 Mars dernier, par laquelle le Conseil général de la Banque émet le vœu qu'il soit établi un Comptoir d'Escompte dans la ville de Saint-Étienne, en demandant diverses modifications aux dispositions du Décret du 18 Mai 1808.

Sur le rapport de notre Ministre Secrétaire-d'État des Finances,

Notre Conseil-d'État entendu,

Nous avons ordonné et ordonnons ce qui suit :

Article premier.

La Banque de France est autorisée à établir un Comptoir d'Escompte dans la ville de Saint-Étienne, département de la Loire.

Les opérations de ce Comptoir seront les mêmes que celles de la Banque de France, et seront exécutées sous la direction et la surveillance du Conseil général, conformément aux dispositions du Décret du 18 Mai 1808, sauf les modifications résultant de la présente Ordonnance.

ARTICLE 2.

Le taux de l'Escompte du Comptoir de Saint-Étienne sera fixé par le Conseil général de la Banque de France.

ARTICLE 3.

Les rentes sur l'État, à quelque taux d'intérêt qu'elles soient constituées, seront admises comme garantie additionnelle des Effets à escompter qui se trouveront dans le cas prévu par l'article 17 du Décret du 18 Mai 1808.

ARTICLE 4.

Le Comptoir de Saint-Étienne pourra prêter sur Effets publics à échéances déterminées, suivant l'article 16 des Statuts de la Banque, du 16 Janvier 1808.

Il aura également la faculté de prêter sur Effets publics à échéances non déterminées, en se conformant à la Loi du 17 Mai 1834 et à l'Ordonnance royale du 15 Juin suivant.

ARTICLE 5.

Le nombre d'actions dont la propriété doit être justifiée par les Directeur, Administrateurs et Censeurs, conformément à l'article 27 du Décret du 18 Mai 1808, est réduit, savoir :

Pour le Directeur, à vingt actions ;

Pour les Administrateurs et Censeurs, à dix actions.

ARTICLE 6.

Notre Ministre Secrétaire-d'État des Finances est chargé de l'exécution de la présente Ordonnance, qui sera insérée au *Bulletin des Lois.*

Signé : LOUIS-PHILIPPE.

Par le Roi :

Le Pair de France, Ministre Secrétaire-d'État des Finances,

Signé : Comte d'Argout.

ORDONNANCE DU ROI

Qui autorise la Banque de France à établir un Comptoir d'Escompte dans la ville de SAINT-QUENTIN.

A Paris, le 16 Octobre 1837.

LOUIS-PHILIPPE, ROI DES FRANÇAIS, etc., etc.,

Vu le Décret du 16 Janvier 1808, par lequel ont été arrêtés les Statuts de la Banque de France; vu spécialement l'article 10 de ce même Décret;

Vu le Décret du 18 Mai de la même année, relatif à l'organisation des Comptoirs d'Escompte de la Banque de France;

Vu la délibération en date du 10 Août 1837, par laquelle le Conseil général de la Banque de France demande l'autorisation d'établir un Comptoir d'Escompte dans la ville de Saint-Quentin;

Vu l'avis de la Chambre consultative des arts et manufactures de la ville de Saint-Quentin, en date du 25 Juillet 1836;

Vu la Loi du 17 Mai 1834 et l'Ordonnance du 15 Juin suivant;

Sur le rapport de notre Ministre Secrétaire-d'État des Finances,

Nous avons ORDONNÉ ET ORDONNONS ce qui suit :

ARTICLE PREMIER.

La Banque de France est autorisée à établir un Comptoir d'Escompte dans la ville de Saint-Quentin, département de l'Aisne.

Les opérations de ce Comptoir seront les mêmes que celles de la Banque de France, et seront exécutées sous la direction et la surveillance du Conseil général, conformément aux dispositions du Décret du 18 Mai 1808.

ARTICLE 2.

Le taux de l'Escompte du Comptoir de Saint-Quentin sera fixé par le Conseil général de la Banque de France.

ARTICLE 3.

Les rentes sur l'État, à quelque taux d'intérêt qu'elles soient constituées, seront admises comme garantie additionnelle des Effets à escompter qui se trouveront dans le cas prévu par l'article 7 du Décret précité, du 18 Mai 1808.

ARTICLE 4.

Le Comptoir de Saint-Quentin pourra prêter sur Effets publics à échéances déterminées, suivant l'article 16 des Statuts de la Banque, du 16 Janvier 1808.

Il aura également la faculté de prêter sur Effets publics à échéances non déterminées, en se conformant à la Loi du 17 Mai 1834 et à l'Ordonnance du 15 Juin suivant.

ARTICLE 5.

Le nombre d'actions dont la propriété doit être justifiée par les Directeur, Administrateurs et Censeurs, conformément à l'article 27 du même Décret, est fixé, savoir :

Pour le Directeur, à vingt actions;

Pour les Administrateurs et Censeurs, à dix actions.

ARTICLE 6.

Notre Ministre Secrétaire-d'État des Finances est chargé de l'exécution de la présente Ordonnance.

Fait au Palais des Tuileries, le seize Octobre mil huit cent trente-sept.

Signé : LOUIS-PHILIPPE.

Par le Roi :

Le Ministre Secrétaire-d'État des Finances, *signé :* LAPLAGNE.

Pour ampliation,

Le Secrétaire général des Finances, *signé :* DE BOUBERS.

ORDONNANCE DU ROI

*Qui autorise la Banque de France à établir un Comptoir d'Escompte
dans la ville de* MONTPELLIER.

Au Palais des Tuileries, le 19 Janvier 1838.

LOUIS-PHILIPPE, ROI DES FRANÇAIS, etc., etc.,

Vu le Décret du 16 Janvier 1808, par lequel ont été arrêtés les Statuts de la Banque de France ; vu spécialement l'article 10 de ce même Décret ;

Vu le Décret du 18 Mai de la même année, relatif à l'organisation des Comptoirs d'Escompte de la Banque de France ;

Vu la délibération en date du 23 Novembre 1837, par laquelle le Conseil général de la Banque de France demande l'autorisation d'établir un Comptoir d'Escompte à Montpellier ;

Vu la lettre des membres de la Chambre de commerce de Montpellier, en date du 28 Mai 1836, et les lettres du Président de ladite Chambre de commerce, en date des 7 et 9 Novembre 1837 ;

Vu la Loi du 17 Mai 1834, et l'Ordonnance du 15 Juin suivant ;

Sur le rapport de notre Ministre Secrétaire-d'État au département des Finances ;

Notre Conseil-d'État entendu,

Nous avons ORDONNÉ ET ORDONNONS ce qui suit :

ARTICLE PREMIER.

La Banque de France est autorisée à établir un Comptoir d'Escompte à Montpellier. Les opérations de ce Comptoir seront les mêmes que celles de la Banque de France, et seront exécutées sous la direction et la surveillance du Conseil général, conformément aux dispositions du Décret du 18 Mai 1808.

ARTICLE 2.

Le taux de l'Escompte du Comptoir de Montpellier sera fixé par le Conseil général de la Banque de France.

ARTICLE 3.

Les rentes sur l'État, à quelque taux d'intérêt qu'elles soient constituées, seront admises comme garantie additionnelle des Effets à escompter qui se trouveront dans le cas prévu par l'article 17 du Décret précité, du 18 Mai 1808.

ARTICLE 4.

Le Comptoir d'Escompte de Montpellier pourra prêter sur Effets publics à échéances déterminées, suivant l'article 16 des Statuts de la Banque de France du 16 Janvier 1808.

Il aura également la faculté de prêter sur Effets publics à échéances non déterminées, en se conformant à la Loi du 17 Mai 1834 et à l'Ordonnance du 15 Juin suivant.

ARTICLE 5.

Le nombre d'actions dont la propriété doit être justifiée par les Directeur, Administrateurs et Censeurs, conformément à l'article 27 du même Décret, est fixé, savoir :

Pour le Directeur, à vingt actions ;

Pour les Administrateurs et Censeurs, à dix actions.

ARTICLE 6.

Notre Ministre Secrétaire-d'État des Finances est chargé de l'exécution de la présente Ordonnance.

Fait au Palais des Tuileries, le dix-neuf Janvier mil huit cent trente-huit.

Signé : LOUIS-PHILIPPE.

Par le Roi :

Le Ministre Secrétaire-d'État des Finances, *signé :* LAPLAGNE.

Pour ampliation,

Le Secrétaire général des Finances, *signé :* DE BOUBERS.

ORDONNANCE DU ROI

*Qui autorise la Banque de France à établir un Comptoir d'Escompte
dans la ville de* GRENOBLE.

Au Palais des Tuileries, le 31 Mars 1840.

LOUIS-PHILIPPE, ROI DES FRANÇAIS, etc., etc.,

Vu le Décret du 16 Janvier 1808, par lequel ont été arrêtés les
Statuts de la Banque de France, et spécialement l'article 10 de ce
même Décret;

Vu le Décret du 18 Mai de la même année, relatif à l'organisation des Comptoirs d'Escompte de la Banque de France;

Vu la délibération en date du 12 Décembre 1839, par laquelle
le Conseil général de la Banque de France demande l'autorisation
d'établir un Comptoir d'Escompte à Grenoble;

Vu la délibération en date du 31 Mars 1838, de la Chambre
consultative des arts et manufactures de Grenoble;

Vu les lettres du Maire de la ville de Grenoble, en date des
1er Décembre 1838 et 27 Novembre 1839, et celle du Préfet du
département de l'Isère, en date du 19 Décembre 1838;

Vu la Loi du 17 Mai 1834 et l'Ordonnance du 15 Juin suivant;

Sur le rapport de notre Ministre Secrétaire-d'État des Finances;

Notre Conseil-d'État entendu,

Nous avons ORDONNÉ ET ORDONNONS ce qui suit:

14

Article premier.

La Banque de France est autorisée à établir un Comptoir d'Escompte à Grenoble. Les opérations de ce Comptoir seront les mêmes que celles de la Banque de France, et seront exécutées sous la direction et la surveillance du Conseil général, conformément aux dispositions du Décret du 18 Mai 1808.

Article 2.

Le taux de l'Escompte du Comptoir de Grenoble sera fixé par le Conseil général de la Banque de France.

Article 3.

Les rentes sur l'État, à quelque taux d'intérêt qu'elles soient constituées, seront admises comme garantie additionnelle des Effets à escompter qui se trouveront dans le cas prévu par l'article 17 du Décret précité, du 18 Mai 1808.

Article 4.

Le Comptoir d'Escompte de Grenoble pourra prêter sur Effets publics à échéances déterminées, suivant l'article 16 des Statuts de la Banque de France, du 16 Janvier 1808.

Il aura également la faculté de prêter sur Effets publics à échéances non déterminées, en se conformant à la Loi du 17 Mai 1834, et à l'Ordonnance du 15 Juin suivant.

Article 5.

Le nombre d'actions dont la propriété doit être justifiée par les Directeur, Administrateurs et Censeurs, est fixé, savoir :

Pour le Directeur, à quinze actions ;

Pour les Administrateurs et Censeurs, à sept actions.

ARTICLE 6.

Notre Ministre Secrétaire-d'État des Finances est chargé de l'exécution de la présente Ordonnance.

Signé : LOUIS-PHILIPPE.

Par le Roi :

Le Ministre Secrétaire-d'État des Finances,

Signé : PELET (de la Lozère).

Pour ampliation,

Le Conseiller-d'État, Secrétaire général des Finances,

Signé : DE BOUBERS.

ORDONNANCE DU ROI

*Qui autorise la Banque de France à établir un Comptoir d'Escompte
dans la ville d'*Angoulême.

Au Palais des Tuileries, le 24 Avril 1840.

Louis-Philippe, Roi des Français, etc., etc.,

Vu le Décret du 16 Janvier 1808, par lequel ont été arrêtés les Statuts de la Banque de France; et spécialement l'article 10 de ce même Décret;

Vu le Décret du 18 Mai de la même année, relatif à l'organisation des Comptoirs d'Escompte de la Banque de France;

Vu la délibération en date du 20 Février 1840, par laquelle le Conseil général de la Banque de France demande l'autorisation d'établir un Comptoir d'Escompte à Angoulême;

Vu la délibération de la Chambre consultative des arts et manufactures d'Angoulême en date des 7 et 9 Novembre 1839, ainsi que la lettre du Préfet de la Charente en date du 8 Octobre 1839, et les lettres du Maire de la ville d'Angoulême en date des 4 Décembre 1839 et 31 Janvier 1840;

Vu la Loi du 17 Mai 1834 et notre Ordonnance du 15 Juin suivant;

Sur le rapport de notre Ministre Secrétaire-d'État des Finances;

Notre Conseil-d'État entendu,

Nous avons ordonné et ordonnons ce qui suit :

ARTICLE PREMIER.

La Banque de France est autorisée à établir un Comptoir d'Escompte à Angoulême.

Les opérations de ce Comptoir seront les mêmes que celles de la Banque de France, et seront exécutées sous la direction et la surveillance du Conseil général, conformément aux dispositions du Décret du 18 Mai 1808.

ARTICLE 2.

Le taux de l'Escompte du Comptoir d'Angoulême sera fixé par le Conseil général de la Banque de France.

ARTICLE 3.

Les rentes sur l'État, à quelque taux d'intérêt qu'elles soient constituées, seront admises comme garantie additionnelle des Effets à escompter qui se trouveront dans le cas prévu par l'article 17 du Décret précité, du 18 Mai 1808.

ARTICLE 4.

Le Comptoir d'Escompte d'Angoulême pourra prêter sur Effets publics à échéances déterminées, suivant l'article 16 des Statuts de la Banque de France, du 16 Janvier 1808.

Il aura également la faculté de prêter sur Effets publics à échéances non déterminées, en se conformant à la Loi du 17 Mai 1834 et à notre Ordonnance du 15 Juin suivant.

ARTICLE 5.

Le nombre d'actions dont la propriété doit être justifiée par les Directeur, Administrateurs et Censeurs, est fixé, savoir :

Pour le Directeur, à quinze actions;

Pour les Administrateurs et les Censeurs, à sept actions.

ARTICLE 6.

Notre Ministre Secrétaire-d'État des Finances est chargé de l'exécution de la présente Ordonnance.

Signé : LOUIS-PHILIPPE.

Par le Roi :

Le Ministre Secrétaire-d'État des Finances,

Signé : PELET (de la Lozère).

Pour ampliation,

Le Conseiller-d'État, Secrétaire général des Finances,

Signé : DE BOUBERS.

LOI

DU 30 JUIN 1840

PORTANT PROROGATION DU PRIVILÉGE DE LA BANQUE DE FRANCE.

※

LOUIS-PHILIPPE, ROI DES FRANÇAIS, à tous présents et à venir, SALUT.

Nous avons proposé, les Chambres ont adopté, nous avons ORDONNÉ ET ORDONNONS ce qui suit :

ARTICLE PREMIER.

Le privilége conféré à la Banque de France par les Lois des 24 Germinal an XI et 22 Avril 1806 est prorogé jusqu'au 31 Décembre 1867.

Néanmoins il pourra prendre fin ou être modifié le 31 Décembre 1855, s'il en est ainsi ordonné par une Loi votée dans l'une des deux sessions qui précéderont cette époque.

ARTICLE 2.

Le capital de la Banque de France, représenté par soixante-sept mille neuf cents actions de mille francs chacune, ne pourra être augmenté ou diminué que par une Loi spéciale.

ARTICLE 3.

Les Effets publics français de toute nature pourront être admis comme garantie dans le cas prévu par l'article 12 du Décret du 16 Janvier 1808.

Article 4.

Les Escomptes de la Banque auront lieu tous les jours, excepté les jours fériés.

Article 5.

Le Ministre des Finances publiera, tous les trois mois, un état de la situation moyenne de la Banque pendant le trimestre écoulé.

Il publiera tous les six mois le résultat des opérations du semestre et le règlement du Dividende.

Article 6.

Les Comptoirs d'Escompte de la Banque de France ne pourront être établis ou supprimés qu'en vertu d'une Ordonnance royale, rendue sur la demande de son Conseil général, dans la forme des règlements d'administration publique.

Article 7.

Pourront être autorisées par des Ordonnances rendues dans la même forme, et sur la proposition du Conseil général de la Banque, les modifications qu'il serait nécessaire d'apporter aux dispositions du Décret du 18 Mai 1808, sauf toutefois les articles 42 et 43 dudit Décret, qui ne pourront être modifiés que par une Loi.

Article 8.

Aucune Banque départementale ne pourra être établie qu'en vertu d'une Loi.

Les Banques existantes ne pourront obtenir que par une Loi la prorogation de leur privilége, ou des modifications à leurs Statuts.

ARTICLE 9.

A dater de la promulgation de la présente Loi, les droits de timbre à la charge de la Banque seront perçus sur la moyenne des Billets au porteur ou à ordre qu'elle aura tenus en circulation pendant le cours de l'année.

A partir du 1ᵉʳ Janvier 1841, le même mode de perception sera appliqué aux Banques autorisées dans les départements.

La présente Loi, discutée, délibérée et adoptée par la Chambre des Pairs et par celle des Députés, et sanctionnée par nous cejourd'hui, sera exécutée comme Loi de l'État.

DONNONS EN MANDEMENT à nos Cours et Tribunaux, Préfets, Corps administratifs, et tous autres, que les présentes ils gardent et maintiennent, fassent garder, observer et maintenir, et, pour les rendre plus notoires à tous, ils les fassent publier et enregistrer partout où besoin sera; et, afin que ce soit chose ferme et stable à toujours, nous y avons fait mettre notre sceau.

Fait au Palais de Neuilly, le 30ᵉ jour du mois de Juin, l'an 1840.

Signé : LOUIS-PHILIPPE.

Par le Roi :

Le Pair de France, Ministre Secrétaire-d'État au département des Finances,

Signé : PELET (de la Lozère).

Vu et scellé du grand sceau :

Le Garde des Sceaux de France, Ministre Secrétaire-d'État au département de la Justice et des Cultes,

Signé : VIVIEN.

ORDONNANCE DU ROI
DU 25 MARS 1841

SUR LES COMPTOIRS D'ESCOMPTE DE LA BANQUE DE FRANCE.

LOUIS-PHILIPPE, ROI DES FRANÇAIS, à tous présents et à venir, SALUT.

Vu l'article 10 du Décret du 16 Janvier 1808, le Décret du 18 Mai de la même année et la Loi du 30 Juin 1840 ;

Vu les délibérations du Conseil général de la Banque de France en date des 7 et 31 Décembre 1840 ;

Sur le rapport de notre Ministre Secrétaire-d'État au département des Finances,

Notre Conseil-d'État entendu,

Nous avons ORDONNÉ ET ORDONNONS ce qui suit :

TITRE Ier.

De la formation des Comptoirs d'Escompte.

ARTICLE PREMIER.

Les Comptoirs d'Escompte de la Banque de France sont sous sa direction immédiate.

Article 2.

Conformément à l'article 6 de la Loi du 30 Juin 1840, les Comptoirs de la Banque de France ne peuvent être établis ou supprimés qu'en vertu d'une Ordonnance royale, rendue sur la demande de son Conseil général, dans la forme des Règlements d'administration publique.

Le fonds capital de chaque Comptoir d'Escompte est fixé par le Conseil général.

Article 3.

Les comptes des Comptoirs font partie de ceux qui doivent être rendus au Gouvernement et aux actionnaires de la Banque.

Article 4.

Le compte des profits et pertes est réglé tous les six mois dans chaque Comptoir, et le solde est porté au compte de la Banque.

Article 5.

Les dépenses annuelles de chaque Comptoir d'Escompte sont arrêtées par le Conseil général de la Banque.

TITRE II.

Des opérations des Comptoirs d'Escompte.

Article 6.

Les opérations des Comptoirs d'Escompte sont les mêmes que celles de la Banque.

ARTICLE 7.

Le taux de l'Escompte, dans les Comptoirs, est fixé par le Conseil général de la Banque.

ARTICLE 8.

Conformément à l'article 9 du Décret impérial du 18 Mai 1808, la Banque de France a le privilége exclusif d'émettre des billets de Banque dans les villes où elle a établi des Comptoirs.

ARTICLE 9.

Les billets à émettre par les Comptoirs sont fournis par la Banque.

Ils portent en titre le nom du Comptoir où ils doivent être émis.

Le Conseil général de la Banque détermine la forme des billets et les signatures dont ils doivent être revêtus.

Les coupures de ces billets ne peuvent être moindres de deux cent cinquante francs.

ARTICLE 10.

Toute délibération du Conseil général ayant pour objet la création ou l'émission des billets de Banque d'un Comptoir, doit être approuvée par les Censeurs de la Banque.

ARTICLE 11.

Les billets émis par chaque Comptoir d'Escompte sont payables à la caisse de ce Comptoir.

Néanmoins, les billets des Comptoirs peuvent être remboursés à Paris, par la Banque de France, lorsque le Conseil général le trouve convenable.

Les billets de la Banque de France peuvent également être remboursés par les Comptoirs, avec l'autorisation du Conseil général et aux conditions qu'il détermine.

TITRE III.

De l'inscription des actions de la Banque dans les Comptoirs d'Escompte, et des certificats de transfert d'Effets publics.

ARTICLE 12.

Les propriétaires d'actions de la Banque résidant ou ayant élu domicile dans les villes où des Comptoirs d'Escompte sont établis, peuvent y faire inscrire leurs actions sur des registres à ce destinés dans chaque Comptoir.

ARTICLE 13.

Les actions de la Banque, dont l'inscription aura été demandée dans un Comptoir d'Escompte, seront d'abord portées à un compte spécial, ouvert sur les registres de la Banque, au nom du Comptoir.

Ces actions seront ensuite inscrites sur les registres des Comptoirs, au nom du propriétaire.

Dans les Comptoirs où elles auront été inscrites, ces actions seront transférables selon les formes voulues par les Statuts de la Banque.

ARTICLE 14.

L'inscription des actions de la Banque, faite dans les Comptoirs d'Escompte, pourra être rétablie sur les registres de la Banque, si elles ne sont engagées au Comptoir en garantie d'Effets escomptés.

ARTICLE 15.

Les Effets publics français, sur lesquels les Comptoirs auront fait des avances, ou qu'ils auront admis à titre de garantie, seront transférés au nom de la Banque de France.

ARTICLE 16.

Le Dividende des actions de la Banque inscrites dans un Comptoir d'Escompte, et les arrérages des fonds publics français transférés en exécution des articles précédents, seront payés aux caisses du Comptoir.

TITRE IV.

De la composition des Comptoirs d'Escompte.

ARTICLE 17.

L'administration de chaque Comptoir d'Escompte est composée :

D'un Directeur;

De douze Administrateurs au plus et de six au moins, suivant l'importance des Comptoirs;

Et de trois Censeurs.

Ils doivent résider dans la ville où le Comptoir est établi.

ARTICLE 18.

Les Censeurs sont nommés par le Conseil général de la Banque.

ARTICLE 19.

Les Administrateurs sont nommés par le Gouverneur, sur une liste de candidats en nombre double de celui des membres à élire.

Cette liste lui est présentée par le Conseil général de la Banque, à moins que le nombre d'actions inscrites dans le Comptoir ne représente au moins la moitié du capital fixé pour ce Comptoir, et que le nombre des titulaires ne soit de cinquante ou plus.

Dans ce cas, la liste double pour le choix des Administrateurs sera formée de la manière suivante :

Les cinquante plus forts actionnaires, inscrits sur les registres du Comptoir, éliront un nombre de candidats égal à celui des membres à nommer : le Conseil général de la Banque formera une liste d'un même nombre de candidats.

L'assemblée des actionnaires ayant droit de voter sera convoquée par le Directeur du Comptoir, aux époques fixées par le Gouverneur. Elle sera présidée par le Directeur. Elle procédera, pour les élections, dans les formes prescrites par les articles 25 et 26 des Statuts de la Banque.

Article 20.

La durée des fonctions des Administrateurs et des Censeurs est de trois ans.

Ils sont renouvelés par tiers chaque année.

Pendant les deux premières années, les Administrateurs et les Censeurs sortants sont désignés par le sort.

Les Administrateurs et les Censeurs sont rééligibles.

Article 21.

Les fonctions des Administrateurs et des Censeurs sont gratuites, sauf les droits de présence.

Article 22.

Le Directeur de chaque Comptoir est nommé par Ordonnance royale, sur le rapport de notre Ministre des Finances et sur la présentation qui lui est faite de trois candidats, par le Gouverneur de la Banque.

Le Gouverneur de la Banque nomme, révoque et destitue les employés des Comptoirs.

ARTICLE 23.

Avant d'entrer en fonctions :

Le Directeur de chaque Comptoir est tenu de justifier de la propriété de quinze actions de la Banque, lesquelles sont affectées à la garantie de sa gestion;

Les Administrateurs et les Censeurs doivent justifier de la propriété de quatre actions, lesquelles sont inaliénables pendant toute la durée de leurs fonctions.

En cas de mort, de maladie ou autre empêchement légitime du Directeur d'un Comptoir, le Conseil d'administration nomme un de ses membres pour en remplir provisoirement les fonctions, jusqu'à ce qu'il ait été pourvu à l'intérim par le Gouverneur de la Banque.

TITRE V.

De la direction et de l'administration des Comptoirs d'Escompte.

ARTICLE 24.

Le Directeur exécute les Arrêtés du Conseil général et se conforme aux instructions transmises par le Gouverneur.

Il signe la correspondance ainsi que les endossements et acquits des Effets de commerce appartenant au Comptoir.

Il préside le Conseil d'administration et tous les Comités.

Les actions judiciaires sont exercées au nom des Régents de la Banque, à la requête du Gouverneur, poursuite et diligence du Directeur.

Article 25.

Le Directeur d'un Comptoir ne peut présenter à l'Escompte aucun Effet revêtu de sa signature, ou lui appartenant.

Article 26.

Le Conseil d'administration de chaque Comptoir est composé du Directeur, des Administrateurs et des Censeurs.

Il surveille toutes les parties de l'Établissement.

Il arrête ses règlements intérieurs, sauf les modifications qui peuvent y être apportées par le Conseil général de la Banque.

Il fixe les sommes à employer aux Escomptes.

Il propose l'état annuel des dépenses du Comptoir.

Il veille à ce que le Comptoir ne fasse d'autres opérations que celles qui sont permises par les Statuts, et qui sont autorisées par la Banque.

Article 27.

Nul Effet ne peut être escompté, dans un Comptoir, que sur la proposition des Administrateurs composant le Comité des Escomptes, et l'approbation du Directeur.

Article 28.

Le Conseil d'administration de chaque Comptoir se réunit au moins deux fois chaque mois.

Il lui est rendu compte de toutes les affaires du Comptoir.

Ses Arrêtés se prennent à la majorité absolue des suffrages.

ARTICLE 29.

Le Conseil d'administration ne peut délibérer qu'avec le concours des deux tiers du nombre des Administrateurs et la présence d'un Censeur.

ARTICLE 30.

Nul Arrêté ne peut être exécuté s'il n'est revêtu de la signature du Directeur.

ARTICLE 31.

Les Censeurs des Comptoirs adressent, au moins une fois par mois, au Conseil général de la Banque, un rapport sur l'exercice de leur surveillance.

ARTICLE 32.

Les Administrateurs de chaque Comptoir sont répartis en trois Comités :

Le Comité des Escomptes,

Le Comité des Livres et Portefeuilles,

Le Comité des Caisses.

TITRE VI.

Dispositions générales.

ARTICLE 33.

Les Comptoirs ne peuvent faire entre eux aucune opération sans une autorisation expresse du Conseil général de la Banque.

ARTICLE 34.

Les dispositions de la présente Ordonnance sont applicables aux Comptoirs existants.

ARTICLE 35.

Le Décret du 18 Mai 1808 est abrogé, sauf les articles 9, 42 et 43.

ARTICLE 36.

Notre Ministre Secrétaire-d'État des Finances est chargé de l'exécution de la présente Ordonnance, qui sera insérée au *Bulletin des Lois.*

Fait au Palais des Tuileries, le 25 Mars 1841.

Signé : LOUIS-PHILIPPE.

Par le Roi :

Le Ministre Secrétaire-d'État des Finances, *signé :* HUMANN.

Pour ampliation,

Le Conseiller-d'État, Secrétaire général des Finances,

Signé : DE BOUBERS.

ORDONNANCE DU ROI

Qui autorise la Banque de France à établir un Comptoir d'Escompte
dans la ville de BESANÇON.

Au Château d'Eu, le 21 Août 1841.

LOUIS-PHILIPPE, ROI DES FRANÇAIS, etc., etc.,

Vu la Loi du 30 Juin 1840, portant prorogation du privilége de la Banque de France, et particulièrement l'article 6 de cette même Loi;

Vu le Décret du 18 Mai 1808 et notre Ordonnance du 25 Mars 1841, relatifs à l'organisation des Comptoirs d'Escompte de la Banque de France;

Vu le Décret du 16 Janvier 1808, la Loi du 17 Mai 1834, et notre Ordonnance du 15 Juin suivant;

Vu la délibération en date du 3 Juin 1841, par laquelle le Conseil général de la Banque de France demande l'autorisation d'établir un Comptoir d'Escompte à Besançon;

Vu la délibération de la Chambre de Commerce de Besançon, en date du 26 Avril 1841, ainsi que la lettre du Préfet du Doubs, en date du 4 Mai 1841;

Sur le rapport de notre Ministre Secrétaire-d'État au département des Finances;

Notre Conseil-d'État entendu,

Nous avons ORDONNÉ ET ORDONNONS ce qui suit :

Article premier.

La Banque de France est autorisée à établir un Comptoir d'Escompte à Besançon.

Les opérations de ce Comptoir seront les mêmes que celles de la Banque de France, et seront exécutées sous la direction et la surveillance du Conseil général, conformément aux dispositions de notre Ordonnance du 25 Mars 1841.

Article 2.

Notre Ministre Secrétaire-d'État des Finances est chargé de l'exécution de la présente Ordonnance.

Signé : LOUIS-PHILIPPE.

Par le Roi :

Le Ministre Secrétaire-d'État des Finances, *signé :* HUMANN.

Pour ampliation,

Le Conseiller-d'État, Secrétaire général des Finances,

Signé : DE BOUBERS.

ORDONNANCE DU ROI

*Qui autorise la Banque de France à établir un Comptoir d'Escompte
dans la ville de CAEN.*

Au Château d'Eu, le 21 Août 1841.

LOUIS-PHILIPPE, ROI DES FRANÇAIS, etc., etc.,

Vu la Loi du 30 Juin 1840, portant prorogation du privilége de la Banque de France, et particulièrement l'article 6 de cette même Loi;

Vu le Décret du 18 Mai 1808 et notre Ordonnance du 25 Mars 1841, relatifs à l'organisation des Comptoirs d'Escompte de la Banque de France;

Vu le Décret du 16 Janvier 1808, la Loi du 17 Mai 1834 et notre Ordonnance du 15 Juin suivant;

Vu la délibération en date du 3 Juin 1841, par laquelle le Conseil général de la Banque de France demande l'autorisation d'établir un Comptoir d'Escompte à Caen;

Vu les délibérations de la Chambre de commerce de Caen, en date des 22 et 30 Mars 1841, ainsi que l'avis du Préfet du Calvados, en date du 8 Mai 1841;

Sur le rapport de notre Ministre Secrétaire-d'État au département des Finances;

Notre Conseil-d'État entendu,

Nous avons ORDONNÉ ET ORDONNONS ce qui suit:

Article premier.

La Banque de France est autorisée à établir un Comptoir d'Escompte à Caen.

Les opérations de ce Comptoir seront les mêmes que celles de la Banque de France, et seront exécutées sous la direction et la surveillance du Conseil général, conformément aux dispositions de notre Ordonnance du 25 Mars 1841.

Article 2.

Notre Ministre Secrétaire-d'État des Finances est chargé de l'exécution de la présente Ordonnance.

Signé : LOUIS-PHILIPPE.

Par le Roi :

Le Ministre Secrétaire-d'État des Finances, *signé :* Humann.

Pour ampliation,

Le Conseiller-d'État, Secrétaire général des Finances,

Signé : de Boubers.

ORDONNANCE DU ROI

*Qui autorise la Banque de France à établir un Comptoir d'Escompte
dans la ville de CHATEAUROUX.*

Au Château d'Eu, le 21 Août 1841.

LOUIS-PHILIPPE, ROI DES FRANÇAIS, etc., etc.,

Vu la Loi du 30 Juin 1840, portant prorogation du privilége de la Banque de France, et particulièrement l'article 6 de cette même Loi;

Vu le Décret du 18 Mai 1808, et notre Ordonnance du 25 Mars 1841, relatifs à l'organisation des Comptoirs d'Escompte de la Banque de France;

Vu le Décret du 16 Janvier 1808, la Loi du 17 Mai 1834 et notre Ordonnance du 15 Juin suivant;

Vu la délibération en date du 3 Juin 1841, par laquelle le Conseil général de la Banque de France demande l'autorisation d'établir un Comptoir d'Escompte à Châteauroux;

Vu les délibérations de la Chambre consultative des arts et manufactures de Châteauroux, en date des 6 Mai 1840 et 18 Mars 1841, ainsi que la lettre du Préfet de l'Indre, en date du 12 Mai 1840;

. Sur le rapport de notre Ministre Secrétaire-d'État au département des Finances;

Notre Conseil-d'État entendu,

Nous avons ORDONNÉ ET ORDONNONS ce qui suit :

Article premier.

La Banque de France est autorisée à établir un Comptoir d'Escompte à Châteauroux.

Les opérations de ce Comptoir seront les mêmes que celles de la Banque de France, et seront exécutées sous la direction et la surveillance du Conseil général, conformément aux dispositions de notre Ordonnance du 25 Mars 1841.

Article 2.

Notre Ministre Secrétaire-d'État des Finances est chargé de l'exécution de la présente Ordonnance.

Signé : LOUIS-PHILIPPE.

Par le Roi :

Le Ministre Secrétaire-d'État des Finances, *signé :* Humann.

Pour ampliation,

Le Conseiller-d'État, Secrétaire général des Finances,

Signé : de Boubers.

ORDONNANCE DU ROI

Qui autorise la Banque de France à établir un Comptoir d'Escompte dans la ville de CLERMONT-FERRAND.

Au Château d'Eu, le 21 Août 1841.

LOUIS-PHILIPPE, ROI DES FRANÇAIS, etc., etc.,

Vu la Loi du 30 Juin 1840, portant prorogation du privilége de la Banque de France, et spécialement l'article 6 de cette même Loi;

Vu le Décret du 18 Mai 1808, et notre Ordonnance du 25 Mars 1841, relatifs à l'organisation des Comptoirs d'Escompte de la Banque de France;

Vu le Décret du 16 Janvier 1808, la Loi du 17 Mai 1834 et notre Ordonnance du 15 Juin suivant;

Vu la délibération en date du 15 Avril 1841, par laquelle le Conseil général de la Banque de France demande l'autorisation d'établir un Comptoir d'Escompte à Clermont-Ferrand;

Vu les délibérations de la Chambre de commerce de Clermont-Ferrand, en date des 3 et 29 Mars 1841, ainsi que la lettre du Préfet du Puy-de-Dôme, en date du 3 Mai 1841;

Sur le rapport de notre Ministre Secrétaire-d'État au département des Finances;

Notre Conseil-d'État entendu,

NOUS avons ORDONNÉ ET ORDONNONS ce qui suit :

ARTICLE PREMIER.

La Banque de France est autorisée à établir un Comptoir d'Escompte à Clermont-Ferrand.

Les opérations de ce Comptoir seront les mêmes que celles de la Banque de France, et seront exécutées sous la direction et la surveillance du Conseil général, conformément aux dispositions de notre Ordonnance du 25 Mars 1841.

ARTICLE 2.

Notre Ministre Secrétaire-d'État des Finances est chargé de l'exécution de la présente Ordonnance.

Signé : LOUIS-PHILIPPE.

Par le Roi :

Le Ministre Secrétaire-d'État des Finances, *signé :* HUMANN.

Pour ampliation,

Le Conseiller-d'État, Secrétaire général des Finances,

Signé : DE BOUBERS.

ORDONNANCE DU ROI

*Qui autorise la Banque de France à établir un Comptoir d'Escompte
dans la ville de MULHOUSE.*

Au Palais de Saint-Cloud, le 8 Décembre 1843.

LOUIS-PHILIPPE, ROI DES FRANÇAIS, etc., etc.,

Vu la Loi du 30 Juin 1840, portant prorogation du privilége
de la Banque de France, et particulièrement l'article 6 de la
même Loi;

Vu les articles 9, 42 et 43 du Décret du 18 Mai 1808, et notre
Ordonnance du 25 Mars 1841, relatifs à l'organisation des Comp-
toirs d'Escompte de la Banque de France;

Vu le Décret du 16 Janvier 1808, la Loi du 17 Mai 1834 et
notre Ordonnance du 15 Juin suivant;

Vu les pièces de l'instruction qui a précédé la résolution du
Conseil général de la Banque de France;

Vu notamment la lettre des membres de la Chambre de com-
merce de Strasbourg, en date du 28 Septembre 1841, celle des
membres de la Chambre de commerce de Mulhouse, en date du
13 Octobre suivant, et le rapport présenté au Conseil général de
la Banque par M. VERNES, Sous-Gouverneur, dans la séance du
17 Août dernier;

Vu la délibération du même jour, par laquelle le Conseil général de la Banque de France demande l'autorisation d'établir un Comptoir d'Escompte à Mulhouse ;

Sur le rapport de notre Ministre Secrétaire-d'État au département des Finances ;

Notre Conseil-d'État entendu,

Nous avons ORDONNÉ ET ORDONNONS ce qui suit :

ARTICLE PREMIER.

La Banque de France est autorisée à établir un Comptoir d'Escompte à Mulhouse.

Les opérations de ce Comptoir seront les mêmes que celles de la Banque de France, et seront exécutées sous la direction et la surveillance du Conseil général, conformément aux dispositions de notre Ordonnance du 25 Mars 1841.

ARTICLE 2.

Notre Ministre Secrétaire-d'État des Finances est chargé de l'exécution de la présente Ordonnance.

Signé : LOUIS-PHILIPPE.

Par le Roi :

Le Ministre Secrétaire-d'État des Finances, *signé :* LAPLAGNE.

Pour ampliation,

Le Conseiller-d'État, Secrétaire général des Finances,

Signé : DE BOUBERS.

LOI

DU 19 JUILLET 1845

Qui autorise la Banque de France à établir un Comptoir d'Escompte à ALGER.

LOUIS-PHILIPPE, ROI DES FRANÇAIS, à tous présents et à venir, SALUT.

Nous avons proposé, les Chambres ont adopté, nous avons ORDONNÉ ET ORDONNONS ce qui suit :

ARTICLE PREMIER.

La Banque de France est autorisée à établir un Comptoir d'Escompte à Alger.

ARTICLE 2.

Le capital en est fixé à dix millions, dont deux seront fournis par la Banque de France et huit par les actionnaires, au moyen d'une émission de huit mille actions de mille francs chacune.

Tout appel ultérieur de fonds est prohibé. La Banque de France et les actionnaires ne pourront, en aucun cas, être tenus des engagements du Comptoir que jusqu'à concurrence des parts respectives qu'ils auront prises dans le capital.

Dans le cas où l'expérience démontrerait la surabondance de ce capital, la Banque de France pourra être autorisée, par une Ordonnance royale, à en restituer une partie aux intéressés.

Le capital ne pourra être reconstitué que par une nouvelle
émission d'actions, autorisée par une Ordonnance royale.

ARTICLE 3.

Le Comptoir aura le privilége exclusif d'émettre des billets au
porteur, à vue.

La Banque de France pourra acquérir, pour le compte du Comp-
toir d'Alger, des Effets publics français, jusqu'à concurrence du
capital de ce Comptoir.

ARTICLE 4.

L'administration du Comptoir d'Alger sera sous la direction im-
médiate de la Banque de France, conformément aux dispositions
de l'Ordonnance royale du 25 Mars 1841.

Toutefois il sera tenu, pour ce Comptoir, une comptabilité dis-
tincte et spéciale, et les résultats de ses opérations seront constatés
et publiés isolément.

ARTICLE 5.

Une Ordonnance royale, rendue dans la forme des Règlements
d'administration publique, sur la demande du Conseil général de
la Banque, autorisera et déterminera :

L'époque et les conditions de l'émission des huit mille actions
à créer, et le mode de leur distribution; la quotité du capital qui
devra être réalisé avant l'ouverture des opérations du Comptoir;

La forme et la contexture des billets au porteur, à vue, ainsi
que leurs coupures;

La constitution et la destination d'un fonds de réserve;

Enfin les modifications qu'il serait nécessaire d'apporter aux dis-
positions du Décret du 18 Mai 1808 et de l'Ordonnance royale
du 25 Mars 1841.

Article 6.

Le Comptoir d'Alger ne pourra être supprimé qu'en vertu d'une Ordonnance royale, rendue sur la demande du Conseil général de la Banque de France, dans la forme des Règlements d'administration publique.

La présente Loi, discutée, délibérée et adoptée par la Chambre des Pairs et par celle des Députés, et sanctionnée par nous cejourd'hui, sera exécutée comme Loi de l'État.

Donnons en mandement à nos Cours et Tribunaux, Préfets, Corps administratifs, et tous autres, que les présentes ils gardent et maintiennent, fassent garder, observer et maintenir, et, pour les rendre plus notoires à tous, ils les fassent publier et enregistrer partout où besoin sera; et, afin que ce soit chose ferme et stable à toujours, nous y avons fait mettre notre sceau.

Fait au Palais des Tuileries, le dix-neuvième jour du mois de Juillet, l'an 1845.

Signé : **LOUIS-PHILIPPE.**

Par le Roi :

Le Ministre Secrétaire-d'État au département des Finances,

Signé : Laplagne.

Vu et scellé du grand sceau :

Le Garde des Sceaux de France, Ministre Secrétaire-d'État au département de la Justice et des Cultes,

Signé : N. Martin (du Nord).

ORDONNANCE DU ROI

*Qui autorise la Banque de France à établir un Comptoir d'Escompte
dans la ville de* STRASBOURG.

⁕⁕⁕

Au Palais des Tuileries, le 15 Avril 1846.

LOUIS-PHILIPPE, ROI DES FRANÇAIS, etc., etc.,

Vu la Loi du 30 Juin 1840, portant prorogation du privilége
de la Banque de France, et particulièrement l'article 6 de la
même Loi;

Vu les articles 9, 42 et 43 du Décret du 18 Mai 1808, et notre
Ordonnance du 25 Mars 1841, relatifs à l'organisation des Comp-
toirs d'Escompte de la Banque de France;

Vu le Décret du 16 Janvier 1808, la Loi du 17 Mai 1834, et
notre Ordonnance du 15 Juin suivant;

Vu la délibération en date du 5 Février dernier, par laquelle
le Conseil général de la Banque demande l'autorisation d'établir
un Comptoir d'Escompte à Strasbourg;

Vu toutes les pièces de l'instruction, et notamment la lettre des
membres de la Chambre de commerce de Strasbourg, en date
du 17 Février 1846;

Sur le rapport de notre Ministre Secrétaire-d'État au départe-
ment des Finances;

Notre Conseil-d'État entendu,

Nous avons ORDONNÉ ET ORDONNONS ce qui suit:

ARTICLE PREMIER.

La Banque de France est autorisée à établir un Comptoir d'Escompte à Strasbourg.

Les opérations de ce Comptoir seront les mêmes que celles de la Banque de France, et seront exécutées sous la direction et la surveillance du Conseil général de la Banque, conformément aux dispositions de notre Ordonnance du 25 Mars 1841.

ARTICLE 2.

Notre Ministre Secrétaire-d'État au département des Finances est chargé de l'exécution de la présente Ordonnance.

Signé : LOUIS-PHILIPPE.

Par le Roi :

Le Ministre Secrétaire-d'État des Finances, *signé :* LAPLAGNE.

Pour ampliation,

Le Secrétaire général des Finances, *signé :* DE COLMONT.

ORDONNANCE DU ROI

Qui autorise la Banque de France à établir un Comptoir d'Escompte
dans la ville du MANS.

Au Palais des Tuileries, le 28 Avril 1846.

LOUIS-PHILIPPE, ROI DES FRANÇAIS, etc., etc.,

Vu la Loi du 30 Juin 1840, portant prorogation du privilége de la Banque de France, et particulièrement l'article 6 de la même Loi;

Vu les articles 9, 42 et 43 du Décret du 18 Mai 1808, et notre Ordonnance du 25 Mars 1841, relatifs à l'organisation des Comptoirs d'Escompte de la Banque de France;

Vu le Décret du 16 Janvier 1808, la Loi du 17 Mai 1834, et notre Ordonnance du 15 Juin suivant;

Vu les lettres des membres de la Chambre consultative des arts et manufactures du Mans, en date des 22 Octobre 1841, 18 Janvier 1843, et le rapport détaillé de la même Chambre, en date du 3 Janvier 1846, par lesquels cette Chambre sollicite l'établissement d'un Comptoir d'Escompte de la Banque de France;

Vu la délibération du Conseil général de la Banque de France, en date du 12 Mars dernier, par laquelle il demande l'autorisation d'établir un Comptoir d'Escompte dans la ville du Mans;

Vu toutes les pièces de.l'instruction;

Sur le rapport de notre Ministre Secrétaire-d'État au département des Finances;

Notre Conseil-d'État entendu,

Nous avons ORDONNÉ ET ORDONNONS ce qui suit :

ARTICLE PREMIER.

La Banque de France est autorisée à établir un Comptoir d'Escompte au Mans.

Les opérations de ce Comptoir seront les mêmes que celles de la Banque de France, et seront exécutées sous la direction et la surveillance de son Conseil général, conformément aux dispositions de notre Ordonnance du 25 Mars 1841.

ARTICLE 2.

Notre Ministre Secrétaire-d'État des Finances est chargé de l'exécution de la présente Ordonnance.

Signé : LOUIS-PHILIPPE.

Par le Roi :

Le Ministre Secrétaire-d'État des Finances, *signé :* LAPLAGNE.

Pour ampliation,

Le Secrétaire général des Finances, *signé :* DE COLMONT.

ORDONNANCE DU ROI

Qui autorise la Banque de France à établir un Comptoir d'Escompte dans la ville de NISMES.

———≈≈≈———

Au Palais de Neuilly, le 29 Mai 1846.

LOUIS-PHILIPPE, ROI DES FRANÇAIS, etc., etc.,

Vu la Loi du 30 Juin 1840, portant prorogation du privilége de la Banque de France, et particulièrement l'article 6 de la même Loi;

Vu les articles 9, 42 et 43 du Décret du 18 Mai 1808, et notre Ordonnance du 25 Mars 1841, relatifs à l'organisation des Comptoirs d'Escompte de la Banque de France;

Vu le Décret du 16 Janvier 1808, la Loi du 17 Mai 1834, et notre Ordonnance du 15 Juin suivant;

Vu la délibération en date du 12 Mars dernier, par laquelle le Conseil général de la Banque demande l'autorisation d'établir un Comptoir d'Escompte à Nismes;

Vu toutes les pièces de l'instruction, et notamment la délibération de la Chambre de commerce de Nismes, en date du 5 Avril dernier;

Sur le rapport de notre Ministre Secrétaire-d'État au département des Finances;

Notre Conseil-d'État entendu,

Nous avons ORDONNÉ ET ORDONNONS ce qui suit :

ARTICLE PREMIER.

La Banque de France est autorisée à établir un Comptoir d'Escompte à Nismes.

Les opérations de ce Comptoir seront les mêmes que celles de la Banque de France, et seront exécutées sous la direction et la surveillance du Conseil général de la Banque, conformément aux dispositions de notre Ordonnance du 25 Mars 1841.

ARTICLE 2.

Notre Ministre Secrétaire-d'État au département des Finances est chargé de l'exécution de la présente Ordonnance.

Signé : LOUIS-PHILIPPE.

Par le Roi :

Le Ministre Secrétaire-d'État des Finances, *signé :* LAPLAGNE.

Pour ampliation,

Le Secrétaire général des Finances, *signé :* DE COLMONT.

ORDONNANCE DU ROI

*Qui autorise la Banque de France à établir un Comptoir d'Escompte
dans la ville de* VALENCIENNES.

Au Palais de Neuilly, le 10 Juillet 1846.

LOUIS-PHILIPPE, ROI DES FRANÇAIS, etc., etc.,

Vu la Loi du 30 Juin 1840, portant prorogation du privilége
de la Banque de France, et particulièrement l'article 6 de la
même Loi;

Vu les articles 9, 42 et 43 du Décret du 18 Mai 1808, et notre
Ordonnance du 25 Mars 1841, relatifs à l'organisation des Comp-
toirs d'Escompte de la Banque de France;

Vu le Décret du 16 Janvier 1808, la Loi du 17 Mai 1834, et
notre Ordonnance du 15 Juin suivant;

Vu la délibération en date du 12 Mars dernier, par laquelle le
Conseil général de la Banque demande l'autorisation d'établir un
Comptoir d'Escompte à Valenciennes;

Vu toutes les pièces de l'instruction, et notamment la délibéra-
tion de la Chambre de commerce de Valenciennes, en date du
5 Février dernier;

Sur le rapport de notre Ministre Secrétaire-d'État au départe-
ment des Finances;

Notre Conseil-d'État entendu,

Nous avons ORDONNÉ ET ORDONNONS ce qui suit :

ARTICLE PREMIER.

La Banque de France est autorisée à établir un Comptoir d'Escompte à Valenciennes.

Les opérations de ce Comptoir seront les mêmes que celles de la Banque de France, et seront exécutées sous la direction et la surveillance de son Conseil général, conformément aux dispositions de notre Ordonnance du 25 Mars 1841.

ARTICLE 2.

Notre Ministre Secrétaire-d'État des Finances est chargé de l'exécution de la présente Ordonnance.

Signé : LOUIS-PHILIPPE.

Par le Roi :

Le Ministre Secrétaire-d'État des Finances, *signé :* LAPLAGNE.

Pour ampliation,

Le Secrétaire général des Finances, *signé :* DE COLMONT.

LOI

DU 10 JUIN 1847

QUI ABAISSE A DEUX CENTS FRANCS LA MOINDRE COUPURE DES BILLETS
DE BANQUE.

Louis-Philippe, Roi des Français, à tous présents et à venir, Salut.

Nous avons proposé, les Chambres ont adopté, nous avons
ordonné et ordonnons ce qui suit :

Article unique.

La moindre coupure des billets, soit pour la Banque de France
et ses Comptoirs, soit pour les Banques autorisées dans les dépar-
tements, est abaissée à deux cents francs.

La présente Loi, discutée, délibérée et adoptée par la Chambre
des Pairs et par celle des Députés, et sanctionnée par nous cejour-
d'hui, sera exécutée comme Loi de l'État.

Donnons en mandement à nos Cours et Tribunaux, Préfets, Corps
administratifs et tous autres, que les présentes ils gardent et
maintiennent, fassent garder, observer et maintenir; et, pour les
rendre plus notoires à tous, ils les fassent publier et enregistrer

partout où besoin sera; et, afin que ce soit chose ferme et stable à toujours, nous y avons fait mettre notre sceau.

Fait au Palais de Neuilly, le dixième jour du mois de Juin, l'an 1847.

Signé : LOUIS-PHILIPPE.

Par le Roi :

Le Ministre Secrétaire-d'État au département des Finances,

Signé : S. DUMON.

Vu et scellé du grand sceau :

Le Garde des Sceaux de France, Ministre Secrétaire-d'État au département de la Justice et des Cultes,

Signé : HÉBERT.

COMPTOIR D'ALGER.

Extrait de la Loi du 9 Août 1847.

ARTICLE 5.

L'autorisation d'établir un Comptoir d'Escompte à Alger, conférée à la Banque de France par la Loi du 19 Juillet 1845, sera révoquée et considérée comme non avenue, dans le cas où le Comptoir ne serait pas établi avant le 1er Avril 1848.

ORDONNANCE DU ROI

Sur l'organisation du Comptoir d'Escompte à ALGER.

Au Palais de Saint-Cloud, le 16 Décembre 1847.

LOUIS-PHILIPPE, ROI DES FRANÇAIS, à tous présents et à venir, SALUT.

Vu la Loi du 30 Juin 1840, portant prorogation du privilége de la Banque de France ;

Vu la Loi du 19 Juillet 1845, qui autorise l'établissement d'un Comptoir d'Escompte de la Banque de France à Alger, et notamment l'article 5 de la même Loi, dont les deux premiers paragraphes sont ainsi conçus :

« Une Ordonnance royale, rendue dans la forme des règlements » d'administration publique, sur la demande du Conseil général » de la Banque, autorisera et déterminera :

» L'époque et les conditions de l'émission des huit mille actions » à créer, et le mode de leur distribution, la quotité du capital qui » devra être réalisé avant l'ouverture des opérations du Comptoir. »

Vu les articles 9, 42 et 43 du Décret du 18 Mai 1808, et notre Ordonnance du 25 Mars 1841, relatifs à l'organisation des Comptoirs d'Escompte de la Banque de France ;

Vu les Décrets du 16 Janvier et du 28 Août 1808, la Loi du 17 Mai 1834, et notre Ordonnance du 15 Juin suivant ;

Vu les délibérations du Conseil général de la Banque de France des 14 et 22 Mai 1846, 17 et 20 Novembre, 14 et 16 Décembre 1847 ;

Sur le rapport de nos Ministres Secrétaires-d'État de la Guerre et des Finances,

Notre Conseil-d'État entendu,

Nous avons ORDONNÉ ET ORDONNONS ce qui suit :

ARTICLE PREMIER.

La Banque de France est autorisée à émettre huit mille actions du Comptoir d'Alger, au capital de mille francs chacune, payables à la Banque de France, siége de la société, moitié comptant au moment de la souscription, et le surplus aux époques qui seront ultérieurement déterminées par le Conseil général de la Banque.

Les versements à effectuer par la Banque au Comptoir d'Alger seront faits aux mêmes époques et dans les mêmes proportions que les payements à effectuer par les actionnaires.

Moyennant le payement de la moitié du montant de l'action, les cédants ne seront pas garants solidaires de leurs cessionnaires.

Les époques des payements de la seconde moitié du montant de l'action, seront annoncées à Paris et à Alger par la voie des journaux désignés par l'article 42 du Code de commerce. A défaut de payement aux époques fixées, la Banque, sans qu'il soit besoin d'un autre avertissement, fera vendre l'action par le ministère d'un Agent de change, aux risques et périls de l'actionnaire retardataire qui profitera de l'excédant, s'il y en a, tous frais et intérêts déduits, et qui, dans le cas contraire, sera personnellement tenu de payer le déficit.

ARTICLE 2.

Dans le délai de trois mois, à partir de la promulgation de la présente Ordonnance, le Conseil général de la Banque de France transmettra à notre Ministre des Finances un état nominatif des souscripteurs aux huit mille actions, en exécution du paragraphe 2 de l'article 5 de la Loi du 19 Juillet 1845.

ARTICLE 3.

Les opérations du Comptoir ne commenceront que lorsque la moitié du capital de dix millions, fixé par la Loi du 19 Juillet 1845, aura été réalisée.

ARTICLE 4.

Les opérations du Comptoir seront les mêmes que celles de la Banque de France.

ARTICLE 5.

Les billets du Comptoir seront confectionnés par la Banque de France. Ils porteront en titre le nom du COMPTOIR D'ALGER.

Ils contiendront en outre les énonciations suivantes :

1° La Banque de France est autorisée à établir un Comptoir d'Escompte à Alger.

Le capital en est fixé à dix millions, dont deux fournis par la Banque de France et huit par les actionnaires.

La Banque de France et les actionnaires ne pourront, dans aucun cas, être tenus des engagements du Comptoir que jusqu'à concurrence des parts respectives qu'ils auront prises dans le capital. (Extrait de la Loi du 19 Juillet 1845.)

2° L'article du Code pénal qui punit la contrefaçon des billets. Ils seront payables à Alger.

ARTICLE 6.

Le Conseil général de la Banque déterminera les signatures dont les billets devront être revêtus, et l'ordre dans lequel elles seront apposées.

Les coupures de billets pourront être de mille, cinq cents et deux cents francs.

ARTICLE 7.

Le montant des billets en circulation, cumulé avec celui des sommes dues à des tiers en compte-courant, et payable à volonté, ne pourra excéder le triple du numéraire existant matériellement en caisse.

ARTICLE 8.

Les Dividendes seront payés tous les six mois.

Le Dividende annuel se composera :

1° D'une répartition des bénéfices nets jusqu'à concurrence de quatre pour cent du capital primitif;

2° D'une autre répartition égale à la moitié des bénéfices excédant la première répartition.

L'autre moitié sera employée à composer un fonds de réserve.

Le fonds de réserve sera placé en fonds publics français.

En cas d'insuffisance des bénéfices, le Dividende de quatre pour cent sera complété par un prélèvement sur le fonds de réserve.

Lorsque ce fonds de réserve aura atteint la somme de deux millions cinq cent mille francs, les bénéfices nets ne seront sujets à d'autres retenues que celles qui seraient nécessaires pour remplacer les prélèvements qui auraient eu lieu en vertu du paragraphe précédent.

ARTICLE 9.

Les actions seront inscrites soit au siége social à Paris, soit à Alger.

La transmission des actions s'opérera par un simple transfert, sur la déclaration du propriétaire ou de son fondé de pouvoirs, signée sur les registres où les actions seront inscrites.

Les transferts seront certifiés, à Paris, par un agent de change ; à Alger, par un Agent de change ou, à défaut, par un Notaire.

Les Dividendes seront payés au lieu où les actions seront inscrites.

ARTICLE 10.

Avant d'entrer en fonctions, le Directeur du Comptoir sera tenu de justifier de la propriété de quarante actions du Comptoir d'Alger, lesquelles seront affectées à la garantie de sa gestion.

Les Administrateurs et les Censeurs devront justifier de la propriété de dix actions, lesquelles demeureront inaliénables pendant la durée de leurs fonctions.

ARTICLE 11.

Il sera établi une Caisse de retraite au profit des employés du Comptoir d'Alger, conformément aux dispositions du Décret du 28 Août 1808.

ARTICLE 12.

Nos Ministres Secrétaires-d'État au département de la Guerre et des Finances sont chargés, chacun en ce qui le concerne, de l'exécution de la présente Ordonnance.

Signé : LOUIS-PHILIPPE.

Par le Roi :

Le Ministre Secrétaire-d'État au département des Finances,

Signé : S. DUMON.

DÉCRET

DU 15 MARS 1848

ÉTABLISSANT LE COURS FORCÉ DES BILLETS.

RÉPUBLIQUE FRANÇAISE. — Liberté, Égalité, Fraternité.

AU NOM DU PEUPLE FRANÇAIS.

Le Gouvernement provisoire,

Vu la délibération du Conseil général de la Banque de France en date de ce jour ;

Considérant que depuis quelques jours les demandes de remboursement affluent à la Banque, et qu'elles menacent d'épuiser sa réserve métallique ;

Considérant que cette situation place la Banque dans l'alternative, ou de suspendre complétement ses Escomptes, ou d'obtenir l'autorisation de ne plus effectuer ses payements en espèces ;

Considérant que la suspension ou même la restriction des Escomptes de la Banque porterait un coup funeste à l'industrie et au commerce ;

Considérant que cette suspension amènerait partout la cessation forcée du travail, et qu'elle plongerait les travailleurs dans la misère ;

Attendu conséquemment que, loin de permettre la suspension ou la restriction des Escomptes de la Banque, le Gouvernement de la République doit donner à cet Établissement le moyen de fournir à l'industrie et au commerce de puissants instruments de crédit;

Attendu qu'il est indispensable de conserver à Paris les espèces appartenant au Trésor, et qui sont déposées à la Banque;

Attendu que la situation réellement prospère de la Banque, et la garantie formellement stipulée de la limitation des émissions donnent au public toute la sécurité désirable;

Sur la proposition du Ministre,

Décrète :

Article premier.

A partir du jour même de la publication du présent Décret, les billets de la Banque de France seront reçus comme monnaie légale par les caisses publiques et par les particuliers.

Article 2.

Jusqu'à nouvel ordre, la Banque est dispensée de l'obligation de rembourser ses billets avec des espèces.

Article 3.

En aucun cas, le chiffre des émissions de la Banque et de ses Comptoirs ne pourra dépasser trois cent cinquante millions.

Article 4.

Pour faciliter la circulation, la Banque de France est autorisée

à émettre des coupures, qui, toutefois, ne pourront être infé-
rieures à cent francs.

ARTICLE 5.

Les dispositions du présent Décret s'appliquent à tous les Comp-
toirs que la Banque a établis dans les départements.

ARTICLE 6.

La Banque de France publiera tous les huit jours sa Situation
dans le *Moniteur*.

Fait à Paris, en Conseil de Gouvernement, le 15 Mars 1848.

Les Membres du Gouvernement provisoire,

Signé : DUPONT (de l'Eure), FLOCON, MARRAST, ALBERT,
LAMARTINE, LEDRU-ROLLIN, Ad. CRÉMIEUX, MARIE,
Louis BLANC, ARAGO, GARNIER-PAGÈS.

DÉCRET
DU 25 MARS 1848

RELATIF AUX BILLETS DES BANQUES DÉPARTEMENTALES.

RÉPUBLIQUE FRANÇAISE. — Liberté, Égalité, Fraternité.

AU NOM DU PEUPLE FRANÇAIS.

Le Gouvernement provisoire,

Vu le Décret du 15 Mars courant, dispensant la Banque de France de l'obligation de rembourser ses billets avec des espèces, et ordonnant qu'ils seront reçus comme monnaie légale par les caisses publiques et les particuliers ;

Considérant que la mesure prise pour empêcher l'épuisement de la réserve métallique de la Banque de France doit être étendue, par les mêmes motifs, aux Banques départementales ;

Attendu que, loin de permettre la suspension ou la restriction des Escomptes des Banques départementales, le Gouvernement de la République doit donner à ces Établissements les moyens de fournir à l'industrie et au commerce de puissants instruments de crédit, et de faciliter aux Comptoirs nationaux d'Escompte le renouvellement de leur capital ;

Attendu que la limitation formellement stipulée des émissions donne au public toute la sécurité désirable;

DÉCRÈTE :

ARTICLE PREMIER.

A partir du jour de la publication du présent Décret, les billets des Banques de Lyon, Rouen, Bordeaux, Nantes, Lille, Marseille, le Havre, Toulouse et Orléans, seront reçus comme monnaie légale par les caisses publiques et par les particuliers, dans la circonscription du département où chacun de ces Établissements a son siége.

ARTICLE 2.

Jusqu'à nouvel ordre, les mêmes Banques sont dispensées de l'obligation de rembourser leurs billets avec des espèces.

ARTICLE 3.

En aucun cas, le chiffre des émissions de chacune de ces Banques ne pourra dépasser les limites ci-dessous fixées :

Pour la Banque de Lyon, vingt millions de francs;

Pour la Banque de Rouen, quinze millions;

Pour la Banque de Bordeaux, vingt-deux millions;

Pour la Banque de Nantes, six millions;

Pour la Banque de Lille, cinq millions;

Pour la Banque de Marseille, vingt millions;

Pour la Banque du Havre, six millions;

Pour la Banque de Toulouse, cinq millions;

Pour la Banque d'Orléans, trois millions.

ARTICLE 4.

Pour faciliter la circulation, les Banques départementales sont autorisées à émettre des coupures de cent francs.

Pour la confection de ces coupures, il n'est point dérogé à l'article 31 de la Loi du 24 Germinal an XI.

ARTICLE 5.

Les Banques départementales sont autorisées exceptionnellement, en faveur des Comptoirs nationaux d'Escompte, à admettre les Effets sur place qui leur seraient remis par ces Établissements.

ARTICLE 6.

Les Banques départementales adresseront, deux fois par semaine, le compte de leur situation au Ministre des Finances et au Ministre de l'Agriculture et du Commerce.

ARTICLE 7.

Les Ministres des Finances, de l'Agriculture et du Commerce, sont chargés de l'exécution du présent Décret.

Fait à Paris, en Conseil de Gouvernement, le 25 Mars 1848.

Les Membres du Gouvernement provisoire,

Signé : DUPONT (de l'Eure), FLOCON, ARAGO, LAMARTINE, Ad. CRÉMIEUX, LEDRU-ROLLIN, GARNIER-PAGÈS, MARRAST, MARIE, ALBERT, Louis BLANC.

DÉCRET

DU 26 MARS 1848

QUI AUTORISE LA BANQUE DE FRANCE ET SES COMPTOIRS

*à admettre à l'Escompte, en remplacement de la troisième signature,
des Récépissés de dépôts sur marchandises.*

RÉPUBLIQUE FRANÇAISE. — Liberté, Égalité, Fraternité.

AU NOM DU PEUPLE FRANÇAIS.

Le Gouvernement provisoire,

Vu le Décret du 21 Mars 1848, relatif aux Récépissés de dépôts
sur marchandises ;

Vu la délibération du Conseil général de la Banque de France,
en date du 26 Mars courant ;

Vu l'article 12 du Décret organique du 16 Janvier 1808, con-
tenant les Statuts de la Banque de France, et ainsi conçu :

« La Banque pourra cependant admettre à l'Escompte, tant à
» Paris que dans ses Comptoirs, des Effets garantis par deux signa-
» tures seulement, mais notoirement solvables, et après s'être
» assurée qu'ils sont créés pour fait de marchandises, si on ajoute
» à la garantie de deux signatures un transfert d'actions de la
» Banque ou de cinq pour cent consolidés, valeur nominale, »

Décrète :

La Banque de France et ses Comptoirs pourront admettre à
l'Escompte, en remplacement de la troisième signature, les Ré-
cépissés de dépôts sur marchandises mentionnés dans le Décret
du **21 Mars** précité.

Fait en Conseil de Gouvernement, le **26 Mars 1848**.

Les Membres du Gouvernement provisoire,

Signé : Armand MARRAST, GARNIER-PAGÈS, ARAGO, ALBERT,
MARIE, Ad. CRÉMIEUX, DUPONT (de l'Eure), Louis
BLANC, LEDRU-ROLLIN, FLOCON, LAMARTINE.

DÉCRET

DU 27 AVRIL 1848

PORTANT RÉUNION DE LA BANQUE DE FRANCE ET DES BANQUES DE ROUEN,
DE LYON, DU HAVRE, DE LILLE, DE TOULOUSE,
D'ORLÉANS ET DE MARSEILLE.

RÉPUBLIQUE FRANÇAISE. — LIBERTÉ, ÉGALITÉ, FRATERNITÉ.

AU NOM DU PEUPLE FRANÇAIS.

LE GOUVERNEMENT PROVISOIRE,

Vu les Lois du 24 Germinal an XI et du 22 Avril 1806, le Décret du 16 Janvier 1808, et la Loi du 30 Juin 1840, relatifs à la Banque de France;

Vu le Décret du 18 Mai 1808 et l'Ordonnance du 25 Mars 1841, relatifs à l'organisation des Comptoirs de la Banque de France;

Vu le Décret du 15 Mars dernier, dispensant la Banque de France de l'obligation de rembourser ses billets en espèces, et prescrivant qu'ils seront reçus comme monnaie légale par les caisses publiques et par les particuliers;

Vu le Décret du 25 du même mois, dispensant également les Banques départementales de l'obligation de rembourser leurs billets, et statuant qu'ils seront reçus comme monnaie légale par les

21

caisses publiques et par les particuliers, dans la circonscription du département où chacun de ces Établissements a son siége;

Vu les délibérations des Conseils généraux ou des Conseils d'administration des Banques de Rouen, de Lyon, du Havre, de Lille, de Toulouse, d'Orléans et de Marseille, relatives à leur réunion avec la Banque de France, savoir :

La délibération du Conseil d'administration de la Banque de Rouen, en date du 14 Avril courant; la délibération de l'Assemblée générale des actionnaires de la Banque de Lyon, en date du 18 du même mois; les délibérations du Conseil d'administration de la Banque du Havre, en date des 8 et 10 du même mois; la délibération du Conseil d'administration de la Banque de Lille, en date du 10 du même mois; la délibération du Conseil d'administration de la Banque de Toulouse, en date du 22 du même mois; les délibérations du Conseil d'administration de la Banque d'Orléans, en date des 9 et 24 du même mois; la délibération du Conseil d'administration de la Banque de Marseille, en date du 18 Avril, et la dépêche télégraphique du 25 du même mois;

Vu les délibérations du Conseil général de la Banque de France, en date des 5, 6, 21 et 24 Avril courant;

Vu enfin les actes intervenus les 24, 25 et 26 du même mois, en exécution de ces délibérations, entre la Banque de France et les délégués des Conseils d'administration des Banques de Rouen, de Lyon, du Havre, de Lille, de Toulouse, d'Orléans, de Marseille;

Considérant que les billets des Banques départementales forment aujourd'hui, pour certaines localités, des signes monétaires spéciaux dont l'existence porte une perturbation déplorable dans toutes les transactions;

Considérant que les plus grands intérêts du pays réclament impérieusement que tout billet de Banque déclaré monnaie légale puisse circuler également sur tous les points du territoire;

Vu le rapport du Ministre des Finances;

DÉCRÈTE ce qui suit :

ARTICLE PREMIER.

La Banque de France et les Banques de Rouen, de Lyon, du Havre, de Lille, de Toulouse, d'Orléans, de Marseille, sont réunies.

ARTICLE 2.

Les Banques départementales énumérées à l'article précédent continueront à fonctionner comme Comptoirs de la Banque de France, conformément aux règles déterminées par le Décret du 18 Mai 1808 et par l'Ordonnance du 25 Mars 1841.

Le nombre actuel des Administrateurs de ces Banques départementales est maintenu, ainsi que les Conseils d'Escompte organisés pour le service de quelques-unes d'entre elles.

Le nombre d'actions dont la possession est actuellement exigée en garantie de la gestion des Directeurs, Censeurs, Administrateurs et membres des Conseils d'Escompte de ces Banques départementales, est provisoirement maintenu.

ARTICLE 3.

Les actions de ces Banques sont annulées; les actionnaires recevront, en échange, des actions de la Banque de France, valeur nominale de mille francs, contre valeur nominale de mille francs.

ARTICLE 4.

Pour l'exécution de l'article précédent, la Banque de France est autorisée à émettre dix-sept mille deux cents actions nouvelles, ce qui portera son capital à quatre-vingt-cinq mille cent actions de mille francs chacune *.

ARTICLE 5.

Par la cession de ces nouvelles actions aux actionnaires des Banques de Rouen, de Lyon, du Havre, de Lille, de Toulouse, d'Orléans, de Marseille, la Banque de France devient propriétaire de l'actif de ces Banques et sera chargée de leur passif.

Les fonds de réserve existants dans chacune de ces Banques seront ajoutés aux fonds de réserve de la Banque de France.

La réunion des propriétés mobilières et immobilières résultant du présent article sera soumise au droit fixe d'enregistrement concernant les actes de société.

ARTICLE 6.

La Banque de France est autorisée à ajouter au maximum de circulation fixé par le Décret du 15 Mars dernier, le maximum de

---

*
Banque de Rouen.	3,000	actions	3,000,000	francs.
— de Lyon.	2,000	»	2,000,000	»
— du Havre.	4,000	»	4,000,000	»
— de Lille.	2,000	»	2,000,000	»
— de Toulouse.	1,200	»	1,200,000	»
— d'Orléans.	1,000	»	1,000,000	»
— de Marseille.	4,000	»	4,000,000	»
	17,200	»	17,200,000	»
Banque de France.	67,900	»	67,900,000	»
	85,100	»	85,100,000	»

circulation fixé pour chacune de ces Banques départementales par le Décret du 25 du même mois.

A partir de la promulgation du présent Décret, les billets émis par les Banques incorporées à la Banque de France seront reçus, dans toute l'étendue de la République, comme monnaie légale par les caisses publiques et par les particuliers.

Dans les six mois qui suivront, les porteurs desdits billets seront tenus de les présenter à la Banque de France ou à ses Comptoirs pour les échanger contre des billets de Comptoir.

Passé ce délai, ces billets cesseront d'avoir cours de monnaie légale, sans toutefois que la Banque de France et ses Comptoirs soient affranchis de l'obligation de les échanger.

ARTICLE 7.

Les Inspecteurs des finances, sur l'ordre du Ministre des Finances, pourront vérifier la situation des Comptoirs.

ARTICLE 8.

A l'avenir, les Comptoirs de la Banque de France porteront la dénomination suivante : *Banque de France....* — *Succursale de....*

Fait en Conseil de Gouvernement, le 27 Avril 1848.

Les Membres du Gouvernement provisoire,

Signé : DUPONT (de l'Eure), ARAGO, ALBERT, Ad. CRÉMIEUX, FLOCON, GARNIER-PAGÈS, LAMARTINE, Louis BLANC, Armand MARRAST, MARIE, LEDRU-ROLLIN.

Le Secrétaire général du Gouvernement provisoire,

Signé : PAGNERRE.

DÉCRET
DU 2 MAI 1848

PORTANT RÉUNION DE LA BANQUE DE FRANCE ET DES BANQUES DE NANTES
ET DE BORDEAUX.

RÉPUBLIQUE FRANÇAISE. — LIBERTÉ, ÉGALITÉ, FRATERNITÉ.

AU NOM DU PEUPLE FRANÇAIS.

LE GOUVERNEMENT PROVISOIRE,

Vu le Décret du 27 Avril dernier, relatif à la fusion de la Banque de France avec les Banques départementales de Rouen, de Lyon, du Havre, de Lille, de Toulouse, d'Orléans et de Marseille;

Vu la délibération du Conseil d'administration de la Banque de Nantes, en date du 26 Avril dernier;

Vu la délibération du Conseil d'administration de la Banque de Bordeaux, en date du 27 Avril dernier;

Vu les délibérations du Conseil général de la Banque de France, en date des 5, 6, 21 et 24 Avril dernier;

Vu enfin les actes intervenus les 29 Avril dernier et 2 Mai courant, en exécution de ces délibérations, entre la Banque de France et les délégués des Conseils d'administration des Banques de Nantes et de Bordeaux;

Décrète :

ARTICLE PREMIER.

La Banque de France et les Banques de Nantes et de Bordeaux
sont réunies.

ARTICLE 2.

Toutes les clauses et dispositions portées dans le Décret du 27
Avril dernier sont applicables à la réunion de la Banque de France
avec les Banques de Nantes et de Bordeaux.

Fait en Conseil de Gouvernement, le 2 Mai 1848.

Les Membres du Gouvernement provisoire,

Signé : DUPONT (de l'Eure), LAMARTINE, ARAGO, FLOCON,
LEDRU-ROLLIN, GARNIER-PAGÈS, Armand MARRAST,
Louis BLANC, ALBERT, Ad. CRÉMIEUX, MARIE.

Le Secrétaire général du Gouvernement provisoire,

Signé : PAGNERRE.

RÉCAPITULATION.

Banque de Nantes.	3,000 actions	3,000,000 francs.
— de Bordeaux.	3,150 »	3,150,000 »
	6,150 »	6,150,000 »
Les sept Banques réunies par Décret du 27 Avril 1848.	17,200 »	17,200,000 »
Total des neuf Banques réunies.	23,350 »	23,350,000 »
Banque de France.	67,900 »	67,900,000 »
Total général.	91,250 »	91,250,000 »

DÉCRET
DU 5 JUILLET 1848

QUI AUTORISE LE TRÉSOR DE LA RÉPUBLIQUE A EMPRUNTER DE LA BANQUE
DE FRANCE UNE SOMME DE CENT CINQUANTE MILLIONS.

RÉPUBLIQUE FRANÇAISE. — LIBERTÉ, ÉGALITÉ, FRATERNITÉ.

AU NOM DU PEUPLE FRANÇAIS.

L'ASSEMBLÉE NATIONALE a adopté le Décret dont la teneur suit :

ARTICLE PREMIER.

Le Trésor de la République est autorisé à emprunter de lá Banque de France une somme de cent cinquante millions (150,000,000 fr.), aux clauses et conditions énoncées dans le Traité ci-annexé, qui a été passé entre le Ministre des Finances et le Gouverneur de la Banque de France.

ARTICLE 2.

Pour la réalisation des garanties stipulées par le Traité, le Ministre est autorisé,

1° A transférer à la Banque de France la somme de rentes provenant de la Caisse d'Amortissement, nécessaire pour couvrir, sous les conditions déterminées par l'Ordonnance du 15 Juin 1834, une avance de soixante-quinze millions (75,000,000 fr.);

2° A passer vente à la Banque de France des forêts de l'État désignées au Tableau qui fait suite au Traité (voir le *Bulletin des Lois*), cédées en représentation d'une autre somme de soixante-quinze millions (75,000,000 fr.).

ARTICLE 3.

Toutes dérogations, soit aux Statuts de la Banque de France, soit aux dispositions de la Législation existante, qui résulteraient des clauses et conditions du Traité, sont approuvées.

Délibéré en séance publique, à Paris, le 5 Juillet 1848.

Les Président et Secrétaires,

Signé : Auguste PORTALIS, vice-Président; PEUPIN, Léon ROBERT, LANDRIN, BÉRARD, Émile PÉAN, Edmond LAFAYETTE.

TRAITÉ

PASSÉ ENTRE LE TRÉSOR ET LA BANQUE DE FRANCE.

Entre les soussignés,

D'une part, M. Michel GOUDCHAUX, Ministre des Finances, agissant en cette qualité ;

Et d'autre part, M. Antoine-Maurice-Apollinaire D'ARGOUT, Gouverneur de la Banque de France, agissant en cette qualité en vertu des pouvoirs à lui conférés par les délibérations du Conseil de la Banque en date des 10 et 29 Juin présent mois ;

Il a été convenu et stipulé ce qui suit :

22

Article premier.

La Banque de France s'engage à prêter la somme de cent cinquante millions de francs au Trésor, savoir : soixante-quinze millions dans le cours de l'année 1848, et soixante-quinze millions dans le cours de 1849.

La somme de soixante-quinze millions payable au Trésor en 1848 sera exigible par tiers dans les mois de Juillet, Août et Septembre.

La somme de soixante-quinze millions payable au Trésor en 1849 sera exigible à raison de vingt-cinq millions par mois, à partir du 1er Janvier 1849.

Article 2.

Préalablement au versement des soixante-quinze millions payables en 1848, et pour en assurer le remboursement, le Trésor transférera à la Banque des rentes, jouissance courante, provenant de la Caisse d'Amortissement, au cours et sous les conditions déterminées par l'Ordonnance du 15 Juin 1834.

Article 3.

Pour assurer le remboursement des soixante-quinze millions payables en 1849, le Gouvernement passera vente à la Banque des forêts de l'État dont le Tableau est ci-annexé *.

La Banque aura le droit de revendre lesdites forêts quand elle

---

* Le *Bulletin des Lois* donne le détail de ces forêts, contenant ensemble quatre-vingt-quatre mille sept cent vingt-neuf hectares et dix ares, qui ont été évalués de gré à gré, entre M. le Ministre des Finances et la Banque de France, à la somme de soixante-quinze millions de francs, sous la réserve portée au paragraphe 3 ci-après.

le jugera convenable, à partir du 1ᵉʳ Janvier 1849, mais sous la condition de la publicité et de la concurrence, et soit par corps de forêt, soit par lots.

Dans le cas où les reventes effectuées par la Banque donneraient un bénéfice ou une perte, la Banque fera compte au Trésor du surplus du produit, ou le Trésor aura à combler le déficit, de manière que la Banque soit simplement remboursée du montant de ses avances et des intérêts.

Article 4.

Une Loi approbative du présent Traité sanctionnera toute dérogation aux Statuts de la Banque et toute dérogation aux dispositions des Lois existantes, en ce qu'elles auraient de contraire à la présente convention.

Le présent Traité et les actes de vente passés par l'État à la Banque, ainsi que tous les actes d'exécution, seront enregistrés en débet.

Article 5.

Le taux de l'intérêt du prêt consenti par la Banque est fixé à quatre pour cent l'an. Cet intérêt sera payé par semestre, à partir de chaque versement fait par la Banque au Trésor.

Article 6.

Le remboursement des soixante-quinze millions payables par la Banque au Trésor en 1848 aura lieu : vingt-cinq millions le 15 Avril 1850 ; vingt-cinq millions le 15 Juillet, et vingt-cinq millions le 15 Octobre de la même année.

Article 7.

Le remboursement des soixante-quinze millions payables au

Trésor en 1849 s'effectuera par les rentrées provenant de la revente des forêts de l'État vendues à la Banque.

Les produits de ces reventes seront portés en déduction du solde débiteur du Trésor.

Si la Banque n'était pas couverte de ces soixante-quinze millions et des intérêts au 15 Janvier 1851, le remboursement de ce qui serait dû aurait lieu à partir de cette époque, à raison de vingt-cinq millions par trimestre.

Fait double entre nous soussignés, le 30 Juin 1848.

Approuvé l'écriture ci-dessus,

Signé : M. GOUDCHAUX.

Approuvé l'écriture ci-dessus,

Signé : D'ARGOUT.

TRAITÉ

ENTRE LA VILLE DE PARIS ET LA BANQUE DE FRANCE.

(Du 24 Juillet 1848.)

Entre les soussignés :

D'une part, Monsieur Ariste-Jacques TROUVÉ-CHAUVEL, Représentant du peuple, Préfet du Département de la Seine ;

D'autre part, Monsieur Antoine-Maurice-Appolinaire D'ARGOUT, Gouverneur de la Banque de France, agissant en cette qualité en vertu des pouvoirs à lui conférés par la Délibération du Conseil général de la Banque en date de ce jour ;

Il a été convenu et stipulé ce qui suit :

ARTICLE 1er.

La Banque de France s'engage à prêter à la Ville de Paris, d'ici au mois d'Avril prochain, la somme de DIX MILLIONS, payables au fur et à mesure de ses demandes, et par fractions qui ne pourront être inférieures à *cinq cent mille francs.*

ARTICLE 2.

Préalablement aux versements à effectuer par la Banque, la Ville de Paris remettra à la Banque de France *Dix Millions* en Obligations de la Ville dont l'émission et la négociation ont été autorisées par la Loi du 1er Août 1847 ; la Banque se réservant la faculté de les vendre à la Bourse, par le ministère d'un Agent de change, sans autre formalité, à partir du 1er Juillet 1849, jusqu'à concurrence des sommes prêtées.

Comme supplément de garantie, la Ville de Paris donnera hypothèque, par acte notarié, sur les terrains qui lui appartiennent dans les quartiers ci-après désignés, savoir :

1° Rue Grange-Batelière et rue Chauchat.	4,386 Mètres.
2° Ile Louviers	32,632 »
3° Terrains du Clos Saint-Lazare.	15,000 »
TOTAL des Contenances.	52,018 Mètres.

ARTICLE 3.

L'intérèt du présent Prêt est fixé à *quatre pour cent* payables par la Ville à la Banque de France tous les Semestres.

ARTICLE 4.

Le remboursement de ce Prêt de *Dix Millions* sera effectué par la Ville à la Banque de France, par sixième de mois en mois, à partir du *premier Juillet mil huit cent quarante-neuf*, la Ville conservant, comme de droit, la faculté d'anticiper les paiements.

Dans le cas où la Banque de France userait de la Faculté qui lui est réservée par l'Article 2, de réaliser tout ou partie des Obligations à elle données en gage, le produit des ventes serait imputé et déduit proportionnellement sur les termes de paiement qui viennent d'être stipulés.

Dans le cas de retard des paiements, la Banque pourra, après l'expiration du dernier délai, exercer l'effet de ses hypothèques.

ARTICLE 5.

Un Compte-courant sera ouvert à la Ville de Paris. Elle sera débitée de tous les paiements qui lui seront effectués, et créditée de tous les remboursements qu'elle opérera, ainsi que du produit de la vente des Obligations dans le cas où cette vente aurait lieu.

ARTICLE 6.

Une loi approbative du présent Traité sanctionnera toute dérogation aux Statuts de la Banque et toute dérogation aux dispositions des Lois existantes, en ce qu'elles auraient de contraire à la présente Convention.

Le dit Traité et tous les actes auxquels donnera lieu son exécution et qui sont susceptibles d'enregistrement, seront enregistrés au droit fixe de *un franc*, sauf les ventes des terrains sus-mentionnés à des tiers.

Fait double à Paris, le vingt-quatre Juillet mil huit cent quarante-huit.

Le Représentant du peuple, Préfet de la Seine,
Signé : TROUVÉ-CHAUVEL.

Le Gouverneur de la Banque,
Signé : D'ARGOUT.

DÉCRET

DU 24 AOUT 1848

CONCERNANT L'EMPRUNT DE VINGT-CINQ MILLIONS A CONTRACTER PAR LA VILLE
DE PARIS.

RÉPUBLIQUE FRANÇAISE. — LIBERTÉ, ÉGALITÉ, FRATERNITÉ.

AU NOM DU PEUPLE FRANÇAIS.

L'ASSEMBLÉE NATIONALE a adopté et le Chef du Pouvoir exécutif
promulgue le Décret dont la teneur suit :

ARTICLE PREMIER.

L'emprunt de vingt-cinq millions que la ville de Paris est auto-
risée à contracter par la Loi du 1ᵉʳ Août 1847 pourra être effectué,
en totalité ou par lots, au moyen d'obligations à émettre suivant le
mode qui paraîtra le plus avantageux et que les circonstances per-
mettront d'employer.

ARTICLE 2.

Ces obligations, de mille francs chacune, porteront au maximum
intérêt à cinq pour cent payable par semestre. Il pourra néanmoins
être accordé, en outre, une prime de un pour cent par an en ad-
dition au capital.

ARTICLE 3.

Le remboursement desdites obligations, avec la prime qui pourra y être attachée, aura lieu par semestre et par la voie du sort en six années, de 1853 à 1858 inclusivement.

ARTICLE 4.

Les sommes à provenir de l'emprunt pourront être appliquées au payement des dépenses, tant ordinaires qu'extraordinaires, de la ville de Paris.

ARTICLE 5.

Le Traité passé entre la ville de Paris et la Banque de France le 24 Juillet 1848, pour un prêt provisoire de dix millions, et dont l'un des doubles formera annexe au présent Décret, est approuvé dans toutes ses parties.

ARTICLE 6.

Toutes dérogations, soit aux Statuts de la Banque de France, soit aux dispositions de la Législation existante, qui résulteraient des clauses et conditions dudit Traité, sont également approuvées.

ARTICLE 7.

Ce Traité et tous les actes auxquels donnera lieu son exécution seront enregistrés au droit fixe de un franc, sauf les actes d'aliénation des terrains hypothéqués par le Traité, en cas de vente de ces terrains à des tiers.

Délibéré en séance publique, à Paris, le 24 Août 1848.

Les Président et Secrétaires,

Signé : Armand MARRAST, PEUPIN, Léon ROBERT, LANDRIN, BÉRARD, Émile PÉAN, Edmond LAFAYETTE.

Le Chef du Pouvoir exécutif,

Signé : E. CAVAIGNAC.

ARRÊTÉ

Qui autorise la Banque de France à établir une Succursale à METZ.

(Du 21 Novembre 1848.)

RÉPUBLIQUE FRANÇAISE. — LIBERTÉ, EGALITÉ, FRATERNITÉ.

AU NOM DU PEUPLE FRANÇAIS.

LE PRÉSIDENT DU CONSEIL DES MINISTRES, chargé du Pouvoir exécutif,

Vu la Loi du 30 Juin 1840, portant prorogation du privilége de la Banque de France, et particulièrement l'article 6 de la même Loi;

Vu les articles 9, 42 et 43 du Décret du 18 Mai 1808, et l'Ordonnance du 25 Mars 1841, relatifs à l'organisation des Comptoirs d'Escompte de la Banque de France;

Vu le Décret du 16 Janvier 1808, la Loi du 17 Mai 1834, et l'Ordonnance du 15 Juin suivant;

Vu la délibération du 24 Juillet dernier, par laquelle le Conseil général de la Banque demande l'autorisation d'établir une Succursale à Metz;

Vu toutes les pièces de l'instruction, et notamment la demande formée par la Chambre de commerce de Metz, sous la date du 10 Juillet dernier;

Sur le rapport du Ministre des Finances,

Le Conseil-d'État entendu,

ARRÊTE :

ARTICLE PREMIER.

La Banque de France est autorisée à établir une Succursale à Metz. Les opérations de cette Succursale seront les mêmes que celles de la Banque de France, et seront exécutées sous la direction et la surveillance du Conseil général de la Banque, conformément aux dispositions de l'Ordonnance du 25 Mars 1841.

ARTICLE 2.

Le Ministre des Finances est chargé de l'exécution du présent Arrêté.

Fait à Paris, le 21 Novembre 1848.

Signé : E. CAVAIGNAC.

Le Ministre des Finances, *signé :* TROUVÉ-CHAUVEL.

LOI

DU 29 DÉCEMBRE 1848

QUI APPROUVE LE TRAITÉ PASSÉ ENTRE LA BANQUE DE FRANCE ET LA VILLE
DE MARSEILLE POUR UN PRÊT DE TROIS MILLIONS.

RÉPUBLIQUE FRANÇAISE. — LIBERTÉ, ÉGALITÉ, FRATERNITÉ.

AU NOM DU PEUPLE FRANÇAIS.

L'ASSEMBLÉE NATIONALE a adopté et le Président de l'Assemblée
promulgue la Loi dont la teneur suit :

ARTICLE UNIQUE.

Est approuvé, dans toutes ses parties, le Traité passé, le
6 Décembre 1848, entre la Banque de France et la ville de
Marseille (Bouches-du-Rhône), pour un prêt de trois millions
(3,000,000 fr.).

Toutes dérogations, soit aux Statuts de la Banque de France,
soit aux dispositions de la Législation existante, qui résulte-
raient des clauses et conditions dudit Traité, sont également
approuvées.

Ledit Traité et tous les actes auxquels donnera lieu son exécution, et qui sont susceptibles d'enregistrement, seront enregistrés au droit fixe d'un franc, sauf les ventes à des tiers des terrains qui y sont mentionnés.

Délibéré en séance publique, à Paris, le 29 Décembre 1848.

Les Président et Secrétaires,

Signé : Armand Marrast, Émile Péan, Peupin, F. Degeorge, Heeckeren, Émile Lenglet, Louis Laussedat.

Le Président de l'Assemblée nationale,

Signé : Armand Marrast.

LOI

DU 3 JANVIER 1849

QUI AUTORISE LA BANQUE DE FRANCE A PRÊTER AU DÉPARTEMENT DE LA SEINE
UNE SOMME DE TROIS MILLIONS.

RÉPUBLIQUE FRANÇAISE. — LIBERTÉ, ÉGALITÉ, FRATERNITÉ.

AU NOM DU PEUPLE FRANÇAIS.

L'Assemblée nationale a adopté et le Président de l'Assemblée promulgue la Loi dont la teneur suit :

ARTICLE PREMIER.

La Banque de France est autorisée à prêter au département de la Seine, à partir de la promulgation de la présente Loi, la somme de trois millions, au fur et à mesure des besoins du département, et par fractions qui ne pourront être inférieures à cinq cent mille francs.

ARTICLE 2.

Préalablement aux versements à effectuer par la Banque, le département de la Seine remettra à la Banque trois millions cinq cent mille francs en Obligations de la ville de Paris, dont l'émission et la négociation ont été autorisées par la Loi du 1ᵉʳ Août 1847. La Banque se réservera la faculté de vendre lesdites Obligations à la Bourse par le ministère d'un Agent de change, sans autre formalité, à partir de l'expiration du terme du prêt, jusqu'à concurrence des sommes prêtées et des intérêts.

ARTICLE 3.

L'intérêt du prêt sera fixé à quatre pour cent l'an.

ARTICLE 4.

Le remboursement de ce prêt de trois millions sera effectué par le département de la Seine dans le délai de trois mois, à partir de chacun des versements partiels de cinq cent mille francs et au-dessus, que la Banque aura faits au département de la Seine.

Dans le cas où la Banque userait de la faculté réservée par l'article 2 de réaliser tout ou partie des Obligations à elle données en gage, le produit des ventes sera imputé et déduit proportionnellement sur les termes de payement qui auront été stipulés en conséquence de l'article 4.

Le département de la Seine aura la faculté d'anticiper ses remboursements, mais par des payements qui ne pourront être inférieurs à cinq cent mille francs.

ARTICLE 5.

Un compte-courant sera ouvert au département de la Seine par la Banque de France ; il sera débité de tous les payements que la Banque effectuera au département, et crédité de tous les remboursements qui seront successivement faits, ainsi que du produit

de la vente des Obligations, dans le cas où cette vente aurait
lieu.

ARTICLE 6.

La ville de Paris est autorisée à déposer dans les caisses de la
Banque de France, à titre de garantie du prêt de trois millions
que cet Établissement doit faire au département de la Seine, trois
mille cinq cents Obligations municipales de l'emprunt de vingt-
cinq millions de la ville de Paris, au capital de trois millions cinq
cent mille francs. Ce dépôt sera fait, en ce qui touche la faculté
d'en disposer en cas de retard dans le remboursement au terme
fixé, aux mêmes titres, clauses et conditions que celui qui a été
effectué en vertu du Traité du 24 Juillet 1848, passé avec la
Banque pour un prêt provisoire de dix millions à la ville de Paris.

ARTICLE 7.

Pour couvrir la ville de Paris du cautionnement qu'elle est au-
torisée à fournir au département de la Seine, au profit de la Banque
de France, le département remettra à la Caisse municipale, au fur
et à mesure de leur confection, trois mille cinq cents Obligations
départementales de l'emprunt de six millions.

ARTICLE 8.

Le Traité à intervenir recevra son exécution, nonobstant toute
disposition contraire qui pourrait se trouver dans les Statuts de la
Banque ou dans les Lois antérieures.

ARTICLE 9.

Le Traité et tous actes auxquels donnera lieu son exécution, et qui sont susceptibles d'enregistrement, seront enregistrés au droit fixe d'un franc.

Délibéré en séance publique, à Paris, le 3 Janvier 1849.

Les Président et Secrétaires,

Signé : Armand MARRAST, Émile PÉAN, PEUPIN, F. DEGEORGE, HEECKEREN, Émile LENGLET, Louis LAUSSEDAT.

Le Président de l'Assemblée nationale,

Signé : Armand MARRAST.

ARRÊTÉ

*Qui autorise la Banque de France à établir une Succursale
à LIMOGES.*

(Du 10 Juillet 1849.)

RÉPUBLIQUE FRANÇAISE. — LIBERTÉ, ÉGALITÉ, FRATERNITÉ.

AU NOM DU PEUPLE FRANÇAIS.

LE PRÉSIDENT DE LA RÉPUBLIQUE,

Vu la Loi du 30 Juin 1840, portant prorogation du privilége de la Banque de France, et particulièrement l'article 6 de la même Loi;

Vu les articles 9, 42 et 43 du Décret du 18 Mai 1808, et l'Ordonnance du 25 Mars 1841, relatifs à l'organisation des Comptoirs d'Escompte de la Banque de France;

Vu le Décret du 16 Janvier 1808, la Loi du 17 Mai 1834, et l'Ordonnance du 15 Juin suivant;

Vu les délibérations des 18 Janvier et 3 Avril 1849, par lesquelles le Conseil général de la Banque de France a voté la création d'une Succursale à Limoges, et a autorisé le Gouverneur de la Banque à demander au Gouvernement l'institution de cette Succursale;

Vu toutes les pièces de l'instruction, et notamment le vœu exprimé par le Tribunal de commerce de Limoges, le 20 Décembre dernier;

Sur le rapport du Ministre des Finances,

Le Conseil-d'État entendu,

Arrête :

Article premier.

La Banque de France est autorisée à établir une Succursale à Limoges. Les opérations de cette Succursale seront les mêmes que celles de la Banque de France, et seront exécutées sous la direction et la surveillance du Conseil général de la Banque, conformément aux dispositions de l'Ordonnance du 25 Mars 1841.

Article 2.

Le Ministre des Finances est chargé de l'exécution du présent Arrêté.

Fait à Paris, le 10 Juillet 1849.

Signé : L.-N. BONAPARTE.

Le Ministre des Finances, *signé :* H. PASSY.

LOI

DU 22 DÉCEMBRE 1849

RELATIVE A LA CIRCULATION DES BILLETS DE LA BANQUE DE FRANCE.

RÉPUBLIQUE FRANÇAISE. — LIBERTÉ, ÉGALITÉ, FRATERNITÉ.

AU NOM DU PEUPLE FRANÇAIS.

L'ASSEMBLÉE NATIONALE LÉGISLATIVE a adopté d'urgence la Loi dont la teneur suit :

ARTICLE UNIQUE.

Le maximum des émissions de la Banque de France et de ses Comptoirs, limité à quatre cent cinquante-deux millions par les Décrets des 15-25 Mars, 27 Avril et 2 Mai 1848, est porté à cinq cent vingt-cinq millions.

Délibéré en séance publique, à Paris, le 22 Décembre 1849.

Le Président et les Secrétaires,

Signé : BAROCHE, vice-Président; ARNAUD (de l'Ariége), LACAZE, CHAPOT, PEUPIN, HEECKEREN, BÉRARD.

La présente Loi sera promulguée et scellée du sceau de l'État.

Le Président de la République,

Signé : L.-N. BONAPARTE.

Le Garde des Sceaux, Ministre de la Justice,

Signé : E. ROUHER.

24

DÉCRET

Qui autorise la Banque de France à établir une Succursale à Angers.

(Du 21 Juin 1850.)

RÉPUBLIQUE FRANÇAISE. — Liberté, Égalité, Fraternité.

AU NOM DU PEUPLE FRANÇAIS.

Le Président de la République,

Vu la Loi du 30 Juin 1840, portant prorogation du privilége de la Banque de France, et particulièrement l'article 6 de la même Loi;

Vu les articles 9, 42 et 43 du Décret du 18 Mai 1808, et l'Ordonnance du 25 Mars 1841, relatifs à l'organisation des Comptoirs d'Escompte de la Banque de France;

Vu le Décret du 16 Janvier 1808, la Loi du 17 Mai 1834, et l'Ordonnance du 15 Juin suivant;

Vu la délibération du 14 Mars 1850, par laquelle le Conseil général de la Banque de France a voté la création d'une Succursale à Angers, et a autorisé le Gouverneur de la Banque à demander au Gouvernement l'installation de cette Succursale;

Vu les pièces de l'instruction, et notamment le vœu exprimé par la Chambre consultative des arts et manufactures d'Angers, le 9 Mars 1846;

Sur le rapport du Ministre des Finances;

Le Conseil-d'État entendu,

Décrète :

Article premier.

La Banque de France est autorisée à établir une Succursale à Angers. Les opérations de cette Succursale seront les mêmes que celles de la Banque de France, et seront exécutées sous la direction et la surveillance du Conseil général de la Banque, conformément aux dispositions de l'Ordonnance du 25 Mars 1841.

Article 2.

Le Ministre des Finances est chargé de l'exécution du présent Décret.

Fait à Paris, le 21 Juin 1850.

Signé : L.-N. BONAPARTE.

Par le Président de la République :

Le Ministre des Finances, *signé :* A. FOULD.

DÉCRET

Qui autorise la Banque de France à établir une Succursale à RENNES.

(Du 8 Juillet 1850.)

RÉPUBLIQUE FRANÇAISE. — LIBERTÉ, ÉGALITÉ, FRATERNITÉ.

AU NOM DU PEUPLE FRANÇAIS.

LE PRÉSIDENT DE LA RÉPUBLIQUE,

Vu la Loi du 30 Juin 1840, portant prorogation du privilége de la Banque de France, et particulièrement l'article 6 de la même Loi;

Vu les articles 9, 42 et 43 du Décret du 18 Mai 1808, et l'Ordonnance du 25 Mars 1841, relatifs à l'organisation des Comptoirs d'Escompte de la Banque de France;

Vu le Décret du 16 Janvier 1808, la Loi du 17 Mai 1834, et l'Ordonnance du 15 Juin suivant;

Vu la délibération du 16 Mai 1850, par laquelle le Conseil général de la Banque de France a voté la création d'une Succursale à Rennes, et a autorisé le Gouverneur de la Banque à demander au Gouvernement l'installation de cette Succursale;

Sur le rapport du Ministre des Finances;

Le Conseil-d'État entendu,

Décrète :

ARTICLE PREMIER.

La Banque de France est autorisée à établir une Succursale à Rennes. Les opérations de cette Succursale seront les mêmes que celles de la Banque de France, et seront exécutées sous la direction et la surveillance du Conseil général de la Banque, conformément aux dispositions de l'Ordonnance du 25 Mars 1841.

ARTICLE 2.

Le Ministre des Finances est chargé de l'exécution du présent Décret.

Fait à Paris, le 8 Juillet 1850.

Signé : L.-N. BONAPARTE.

Par le Président de la République :

Le Ministre des Finances, *signé :* A. FOULD.

LOI

DU 6 AOUT 1850

QUI FAIT CESSER LE COURS FORCÉ DES BILLETS DE LA BANQUE DE FRANCE.

RÉPUBLIQUE FRANÇAISE. — LIBERTÉ, ÉGALITÉ, FRATERNITÉ.

AU NOM DU PEUPLE FRANÇAIS.

L'ASSEMBLÉE NATIONALE a adopté d'urgence la Loi dont la teneur suit :

ARTICLE PREMIER.

Conformément à la demande présentée par le Conseil général de la Banque de France, par sa délibération en date de ce jour, sont abrogés le Décret du 15 Mars 1848, les Décrets et Lois postérieurs, dans les prescriptions relatives,

1° Au cours légal des billets de Banque ;

2° Au droit conféré à la Banque de France de ne pas les rembourser en espèces;

3° Au maximum de la circulation.

En conséquence, la Banque de France et ses Succursales sont désormais régies par les anciens Statuts de la Banque.

ARTICLE 2.

L'autorisation d'emprunter une somme de cent cinquante millions à la Banque de France, donnée au Trésor public par le Décret du 5 Juillet 1848 et par la Loi du 19 Novembre 1849, est réduite au chiffre de soixante-quinze millions.

Le paragraphe 2 de l'article 2 du Décret précité, portant autorisation de vendre à la Banque de France les forêts de l'État désignées au Tableau annexé audit Décret, est abrogé.

ARTICLE 3.

Le Trésor public est autorisé à proroger d'une année, d'accord avec la Banque de France, les clauses, conditions, garanties et dates de remboursement stipulées dans les Traités précédents, et relatives à la première partie de l'emprunt approuvé par le Décret du 5 Juillet 1848.

Délibéré en séance publique, à Paris, le 6 Août 1850.

Le Président et les Secrétaires,

Signé : BENOIST D'AZY, vice-Président; ARNAUD (de l'Ariége),
LACAZE, PEUPIN, CHAPOT, BÉRARD.

La présente Loi sera promulguée et scellée du sceau de l'État.

Le Président de la République,

Signé : L.-N. BONAPARTE.

Le Ministre de l'Intérieur, chargé de l'intérim du Ministère
de la Justice,

Signé : J. BAROCHE.

DÉCRET

Qui autorise la Banque de France à établir une Succursale à Avignon.

(Du 31 Décembre 1850.)

RÉPUBLIQUE FRANÇAISE. — LIBERTÉ, ÉGALITÉ, FRATERNITÉ.

AU NOM DU PEUPLE FRANÇAIS.

LE PRÉSIDENT DE LA RÉPUBLIQUE,

Vu la Loi du 30 Juin 1840, portant prorogation du privilége de la Banque de France, et particulièrement l'article 6 de la même Loi ;

Vu les articles 9, 42 et 43 du Décret du 18 Mai 1808, et l'Ordonnance du 25 Mars 1841, relatifs à l'organisation des Comptoirs d'Escompte de la Banque de France ;

Vu le Décret du 16 Janvier 1808, la Loi du 17 Mai 1834, et l'Ordonnance du 15 Juin suivant ;

Vu la délibération du 24 Octobre dernier, par laquelle le Conseil général de la Banque de France demande l'autorisation d'établir une Succursale à Avignon ;

Vu toutes les pièces de l'instruction, et notamment les délibérations de la Chambre de commerce, du Tribunal de commerce, et du Conseil municipal d'Avignon, en date des 6, 10 et 12 Octobre 1849 ;

Sur le rapport du Ministre des Finances;

Le Conseil-d'État entendu,

DÉCRÈTE :

ARTICLE PREMIER.

La Banque de France est autorisée à établir une Succursale à Avignon. Les opérations de cette Succursale seront les mêmes que celles de la Banque de France, et seront exécutées sous la direction et la surveillance du Conseil général de la Banque, conformément aux dispositions de l'Ordonnance du 25 Mars 1841.

ARTICLE 2.

Le Ministre des Finances est chargé de l'exécution du présent Décret.

Fait à Paris, le 31 Décembre 1850.

Signé : L.-N. BONAPARTE.

Par le Président de la République,

Le Ministre des Finances, *signé :* A. FOULD.

DÉCRET

Qui autorise la Banque de France à établir une Succursale à TROYES.

(Du 21 Janvier 1851.)

RÉPUBLIQUE FRANÇAISE. — LIBERTÉ, ÉGALITÉ, FRATERNITÉ.

AU NOM DU PEUPLE FRANÇAIS.

LE PRÉSIDENT DE LA RÉPUBLIQUE,

Vu la Loi du 30 Juin 1840, portant prorogation du privilége de la Banque de France, et particulièrement l'article 6 de la même Loi;

Vu les articles 9, 42 et 43 du Décret du 18 Mai 1808, et l'Ordonnance du 25 Mars 1841, relatifs à l'organisation des Comptoirs d'Escompte de la Banque de France;

Vu le Décret du 16 Janvier 1808, la Loi du 17 Mai 1834, et l'Ordonnance du 15 Juin suivant;

Vu la délibération du 21 Novembre 1850, par laquelle le Conseil général de la Banque de France demande l'autorisation d'établir une Succursale à Troyes;

Vu les pièces de l'instruction, et notamment la délibération de la Chambre de commerce de Troyes, du 21 Octobre 1850;

Sur le rapport du Ministre des Finances;

Le Conseil-d'État entendu,

DÉCRÈTE :

ARTICLE PREMIER.

La Banque de France est autorisée à établir une Succursale à Troyes. Les opérations de cette Succursale seront les mêmes que celles de la Banque de France, et seront exécutées sous la direction et la surveillance du Conseil général de la Banque, conformément aux dispositions de l'Ordonnance du 25 Mars 1841.

ARTICLE 2.

Le Ministre des Finances est chargé de l'exécution du présent Décret.

Fait à Paris, le 21 Janvier 1851.

Signé : L.-N. BONAPARTE.

Par le Président de la République :

Le Ministre des Finances, *signé :* A. FOULD.

LOI

DU 28 JUILLET 1851

QUI APPROUVE LE TRAITÉ PASSÉ ENTRE LA VILLE DE PARIS ET LA BANQUE
DE FRANCE POUR UN PRÊT PROVISOIRE DE VINGT MILLIONS.

(Du 4 Août 1851.)

RÉPUBLIQUE FRANÇAISE. — LIBERTÉ, ÉGALITÉ, FRATERNITÉ.

AU NOM DU PEUPLE FRANÇAIS.

L'ASSEMBLÉE NATIONALE a adopté d'URGENCE la Loi dont la teneur
suit :

ARTICLE PREMIER.

Le Traité passé entre la Ville de Paris et la Banque de France,
le 28 Juillet 1851, pour un prêt provisoire de vingt millions de
francs (20,000,000 fr.), et dont l'un des doubles formera annexe
à la présente Loi, est approuvé dans toutes ses parties.

ARTICLE 2.

Toutes dérogations, soit aux Statuts de la Banque de France,
soit aux dispositions de la législation existante, qui résulteraient
des clauses et conditions dudit Traité, sont également approuvées.

26

ARTICLE 3.

Ce Traité et tous les Actes auxquels donnera lieu son exécution seront enregistrés au droit fixe de un franc.

Délibéré en séance publique, à Paris, le 4 Août 1851.

Le Président et les Secrétaires,

Signé : DUPIN ; YVAN, CHAPOT, LACAZE, MOULIN, PEUPIN, BÉRARD.

La présente Loi sera promulguée et scellée du sceau de l'État.

Le Président de la République,

Signé : LOUIS-NAPOLÉON BONAPARTE.

Le Garde des Sceaux, Ministre de la Justice,

Signé : E. ROUHER.

Traité entre la Ville de Paris et la Banque de France.

Entre les soussignés,

D'une part,

M. *Jean-Jacques* BERGER, représentant du peuple, préfet du département de la Seine,

Et d'autre part,

M. *Antoine-Maurice-Apollinaire* D'ARGOUT, gouverneur de la Banque de France, agissant en cette qualité en vertu des pouvoirs à lui conférés par la délibération du Conseil général de la Banque en date de ce jour,

Il a été convenu et stipulé ce qui suit :

ARTICLE PREMIER.

La Banque de France s'engage à prêter à la Ville de Paris la somme de vingt millions de francs (20,000,000 fr.), payables au fur et à mesure de ses demandes.

Les versements à effectuer par la Banque de France à la Ville de Paris commenceront, au plus tard, le 1ᵉʳ Janvier prochain, et ne pourront, à dater de cette époque, être moindres de deux millions de francs par mois.

ARTICLE 2.

Préalablement aux versements à effectuer par la Banque, la Ville de Paris remettra à la Banque de France vingt-cinq millions de francs (25,000,000 fr.) en Obligations municipales, dont l'émission et la négociation seront autorisées par la Loi à intervenir, la Banque se réservant la faculté de les vendre à la Bourse, par le ministère d'un Agent de change, sans autre formalité, dans le cas où la Ville viendrait à ne pas satisfaire aux engagements de payement des intérêts ou du remboursement des capitaux qui lui auraient été prêtés, ainsi qu'il sera dit aux articles suivants 3 et 4.

ARTICLE 3.

Le taux de l'intérêt du prêt de vingt millions de francs est fixé à quatre pour cent (4 p. %), payables par la Ville à la Banque tous les semestres.

ARTICLE 4.

Le remboursement de la totalité des sommes prêtées à la Ville commencera six mois après le dernier versement qui aura été fait par la Banque ; il aura lieu par sixièmes, de mois en mois, la Ville conservant, comme de droit, la faculté d'anticiper ses payements.

Dans le cas où la Banque de France userait de la faculté qui lui est accordée par l'article 2, de réaliser tout ou partie des Obligations à elle données en gage, le produit des ventes serait imputé et déduit proportionnellement sur les termes de payement qui viennent d'être stipulés.

ARTICLE 5.

Un Compte courant sera ouvert à la Ville de Paris; elle sera débitée de tous les versements qui lui seront effectués, et créditée de tous les remboursements qu'elle opérera, ainsi que du produit de la vente des Obligations dans le cas où cette vente aurait eu lieu.

ARTICLE 6.

Une Loi approbative du présent Traité sanctionnera toute dérogation aux Statuts de la Banque et toute dérogation aux dispositions des Lois existantes, en ce qu'elles auraient de contraire à la présente convention.

Ledit Traité et tous les Actes auxquels donnera lieu son exécution, et qui sont susceptibles d'enregistrement, seront enregistrés au droit fixe de un franc.

Fait double à Paris, le 28 Juillet 1851.

Signé : BERGER.   *Signé :* D'ARGOUT.

Le Président et les Secrétaires de l'Assemblée nationale,

Signé : DUPIN; YVAN, CHAPOT, LACAZE, MOULIN, PEUPIN, BÉRARD.

DÉCRET

Qui approuve le Traité passé, le 3 Mars 1852, entre le Trésor et la Banque de France.

(Du 3 Mars 1852.)

LOUIS-NAPOLÉON, PRÉSIDENT DE LA RÉPUBLIQUE FRANÇAISE,

Vu les Lois du 24 Germinal an XI, du 22 Avril 1806 ;

Le Décret organique du 16 Janvier 1808, la Loi du 17 Mai 1834 ;

L'Ordonnance réglementaire du 15 Juin même année ;

La Loi du 30 Juin 1840 ;

Le Traité passé entre le Trésor et la Banque le 30 Juin 1848, sanctionné par le Décret du 5 Juillet suivant ;

La Loi du 6 Août 1850 ;

Vu la délibération du Conseil général de la Banque en date du 3 de ce mois ;

Sur le rapport du Ministre des Finances,

DÉCRÈTE :

ARTICLE PREMIER.

Sont approuvées les clauses et conditions énoncées dans le Traité ci-annexé, passé le 3 de ce mois entre le Ministre des Finances et la Banque de France.

ARTICLE 2.

La faculté accordée à la Banque par l'article 3 de la Loi du 17 Mai 1834, de faire des Avances sur Effets publics français, est étendue aux Actions et aux Obligations de Chemins de fer français.

Le Conseil général de la Banque déterminera la quotité des Avances qui pourront être faites sur chacun des titres qu'il admettra à leur servir de gage, ainsi que le montant des couvertures à fournir par les emprunteurs en cas de baisse du cours desdits Effets pendant la durée de l'emprunt.

Les dispositions des articles 1er, 3 et 5 de l'Ordonnance réglementaire du 15 Juin 1834, rendue en exécution de l'article 3 de la Loi du 17 Mai même année, relative aux Avances sur fonds publics français, seront applicables aux Avances sur les Actions et sur les Obligations de Chemins de fer français.

Article 3.

Toutes dérogations soit aux Statuts de la Banque de France, soit aux dispositions de la législation existante, qui résulteraient de l'autorisation mentionnée en l'article 2 du présent Décret ou des clauses et conditions du Traité ci-annexé, sont approuvées.

Le paragraphe 2 de l'article 1er de la Loi du 30 Juin 1840 est abrogé.

La publication des Situations hebdomadaires de la Banque de France, prescrite par l'article 6 du Décret du 15 Mars 1848, sera désormais remplacée par les publications trimestrielles et semestrielles ordonnées par l'article 5 de la Loi du 30 Juin 1840.

Article 4.

Le Ministre des Finances est chargé de l'exécution du présent Décret.

Fait au Palais des Tuileries, le 3 Mars 1852.

Signé : LOUIS-NAPOLÉON.

Par le Président de la République,

Le Ministre des Finances, *signé :* BINEAU.

Traité passé entre le Trésor et la Banque de France.

Entre les soussignés,

D'une part,

M. *Jean-Martial* Bineau, Ministre des Finances,

Et d'autre part,

M. *Antoine-Maurice-Apollinaire* Comte d'Argout, gouverneur de la Banque de France, agissant en cette qualité en vertu des pouvoirs à lui conférés par une délibération du Conseil général en date du 3 Mars courant,

Il a été stipulé et convenu ce qui suit :

Article premier.

Les soixante et quinze millions dus par le Trésor à la Banque de France et qui (aux termes de la Loi du 6 Août 1850) devaient être remboursés à la Banque par tiers, aux échéances des 15 Avril, 15 Juillet et 15 Octobre de la présente année 1852, ne seront remboursés qu'aux nouvelles échéances ci-après énoncées, savoir :

La première, au 1er Juillet 1853, pour la somme de cinq millions, et ainsi de suite d'année en année, aux mêmes dates du 1er Juillet et par pareilles sommes de cinq millions jusqu'au 1er Juillet 1867, époque de la libération du Trésor, qui conserve la faculté de se libérer par anticipation.

Article 2.

Les intérêts qui seront dus par le Trésor à la Banque continueront à être payés chaque semestre comme par le passé.

Pareillement, jusqu'à l'expiration du présent Traité, les intérêts à payer à la Banque continueront à être calculés comme ils l'ont été depuis l'origine du prêt dont s'agit, c'est-à-dire sur le solde dont le Trésor sera réellement débiteur chaque jour, compensation faite entre les sommes respectivement portées au débit et au crédit du Compte courant.

Les intérêts à payer à la Banque par le Trésor suivront le taux des intérêts fixés par la Banque pour l'escompte du Papier de commerce, sans néanmoins que le Trésor puisse être passible d'un intérêt supérieur à celui qui a été stipulé par le Traité du 30 Juin 1848, sanctionné par le Décret du 5 Juillet suivant, c'est-à-dire à quatre pour cent.

Article 3.

Les Rentes provenant de la Caisse d'Amortissement et qui, conformément à l'article 2 de la Loi du 5 Juillet 1848, ont été transférées à la Banque en garantie des prêts stipulés par le Traité du 30 Juin 1848, seront retransférées par la Banque à la Caisse d'Amortissement.

En remplacement de cette garantie, le Trésor sera tenu de remettre à la Banque des Bons du Trésor auxquels l'intérêt ne sera pas ajouté, renouvelables tous les trois mois, jusqu'à concurrence des sommes actuellement dues, lesquels Bons décroîtront dans la proportion des remboursements.

Article 4.

La faculté accordée à la Banque par l'article 3 de la Loi du 17 Mai 1834, de faire des Avances sur Effets publics français, est étendue aux Actions et aux Obligations de Chemins de fer français.

Le Conseil général de la Banque déterminera la quotité des Avances qui pourront être faites sur chacun des titres qu'il admettra à leur servir de gage, ainsi que le montant des couvertures à fournir par les emprunteurs en cas de baisse du cours desdits Effets pendant la durée de l'emprunt.

Les dispositions des articles 1er, 3 et 5 de l'Ordonnance réglementaire du 15 Juin 1834, rendue en exécution de l'article 3 de la Loi du 17 Mai même année relative aux Avances sur fonds publics français, seront applicables aux Avances sur les Actions et sur les Obligations de Chemins de fer français.

Article 5.

Un Décret approbatif du présent Traité sanctionnera toute dérogation aux Statuts de la Banque et toute dérogation aux dispositions des Lois existantes, en ce qu'elles auraient de contraire à la présente convention.

Le même Décret abrogera le second paragraphe de l'article 1er de la Loi du 30 Juin 1840.

La publication des Situations hebdomadaires de la Banque de France, prescrite par l'article 6 du Décret du 15 Mars 1848, sera désormais remplacée par les publications trimestrielles et semestrielles ordonnées par l'article 5 de la Loi du 30 Juin 1840.

Fait double entre nous soussignés, le 3 Mars 1852.

Le Ministre des Finances,
Signé : BINEAU.

Le Gouverneur de la Banque,
Signé : Comte D'ARGOUT.

DÉCRET

Qui autorise la Banque de France à faire des Avances sur les Obligations de la Ville de Paris.

(Du 28 Mars 1852.)

LOUIS-NAPOLÉON, PRÉSIDENT DE LA RÉPUBLIQUE FRANÇAISE,

Vu la délibération du Conseil général de la Banque de France en date du 23 Mars courant,

DÉCRÈTE :

ARTICLE PREMIER.

La faculté accordée à la Banque de France par l'article 3 de la Loi du 17 Mai 1834 de faire des Avances sur Effets publics français, est étendue aux Obligations de la Ville de Paris.

ARTICLE 2.

Le Ministre des Finances est chargé de l'exécution du présent Décret.

Fait au Palais des Tuileries, le 28 Mars 1852.

Signé : LOUIS-NAPOLÉON.

Par le Prince Président,

Le Ministre des Finances, *signé :* BINEAU.

DÉCRET

*Qui autorise la Banque de France à établir une Succursale
à Amiens.*

(Du 7 Juillet 1852.)

Louis-Napoléon, Président de la République française,

Vu le Décret du 3 Mars 1852 portant prorogation du privilége
de la Banque de France ;

Vu les articles 9, 42 et 43 du Décret du 18 Mai 1808, et
l'Ordonnance du 25 Mars 1841, relatifs à l'organisation des
Comptoirs d'Escompte de la Banque de France ;

Vu le Décret du 16 Janvier 1808, la Loi du 17 Mai 1834 et
l'Ordonnance du 15 Juin suivant ;

Vu la Délibération du 27 Mai 1852, par laquelle le Conseil
général de la Banque de France demande l'autorisation d'établir
une Succursale à Amiens ;

Vu les pièces de l'instruction, et notamment la délibération de
la Chambre de commerce d'Amiens du 10 Mars 1852 ;

Sur le rapport du Ministre des Finances ;

Le Conseil-d'État entendu,

Décrète :

Article premier.

La Banque de France est autorisée à établir une Succursale à

Amiens. Les opérations de cette Succursale seront les mêmes que celles de la Banque de France, et seront exécutées sous la direction et la surveillance du Conseil général de la Banque, conformément aux dispositions de l'Ordonnance du 25 Mars 1841.

ARTICLE 2.

Le Ministre des Finances est chargé de l'exécution du présent Décret.

Fait à Saint-Cloud, le 7 Juillet 1852.

Signé : **LOUIS-NAPOLÉON.**

Par le Président de la République,

Le Ministre des Finances, *signé :* BINEAU.

DÉCRET

Qui autorise la Banque de France à établir une Succursale à La Rochelle.

(Du 2 Février 1853.)

NAPOLÉON, par la grâce de Dieu et la volonté nationale, Empereur des Français,

À tous présents et à venir, salut :

Vu le Décret du 3 Mars 1852, portant prorogation du Privilége de la Banque de France ;

Vu les articles 9, 42 et 43 du Décret du 18 Mai 1808, l'article 6 de la Loi du 30 Juin 1840, et l'Ordonnance royale du 25 Mars 1841, relatifs à l'organisation des Comptoirs d'Escompte de la Banque de France ;

Vu le Décret du 16 Janvier 1808, la Loi du 17 Mai 1834, et l'Ordonnance du 15 Juin suivant ;

Vu la Délibération du 8 Juillet 1852, par laquelle le Conseil général de la Banque de France demande l'autorisation d'établir une Succursale à La Rochelle ;

Vu les pièces de l'instruction, et notamment la lettre écrite le 16 Janvier 1851 par les membres de la Chambre de commerce de La Rochelle à M. le Gouverneur de la Banque de France ;

Sur le rapport de notre Ministre Secrétaire d'État au département des Finances ;

Le Conseil-d'État entendu,

Avons décrété et décrétons ce qui suit :

ARTICLE PREMIER.

La Banque de France est autorisée à établir une Succursale à La Rochelle.

Les opérations de cette Succursale seront les mêmes que celles de la Banque de France, et seront exécutées sous la direction et la surveillance du Conseil général, conformément aux dispositions de l'Ordonnance royale du 25 Mars 1841.

ARTICLE 2.

Notre Ministre Secrétaire d'État au département des Finances est chargé de l'exécution du présent Décret.

Fait au Palais des Tuileries, le 2 Février 1853.

NAPOLÉON.

Par l'Empereur :

Le Ministre des Finances, *signé :* BINEAU.

DÉCRET

Qui autorise la Banque de France à établir une Succursale
à Toulon.

(Du 18 Avril 1853.)

NAPOLÉON, par la grâce de Dieu et la volonté nationale, Empereur des Français,

A tous présents et à venir, salut :

Vu le Décret du 3 Mars 1852, portant prorogation du Privilége de la Banque de France;

Vu les articles 9, 42 et 43 du Décret du 18 Mai 1808, l'article 6 de la Loi du 30 Juin 1840, et l'Ordonnance royale du 25 Mars 1841, relatifs à l'organisation des Comptoirs d'Escompte de la Banque de France;

Vu le Décret du 16 Janvier 1808, la Loi du 17 Mai 1834 et l'Ordonnance du 15 Juin suivant;

Vu la Délibération du 10 Mars 1853, par laquelle le Conseil général de la Banque de France demande l'autorisation d'établir une Succursale à Toulon;

Vu les pièces de l'instruction, et notamment la lettre écrite, le 19 Mai 1852, par les membres de la Chambre de commerce de Toulon à M. le Gouverneur de la Banque de France;

Sur le rapport de notre Ministre Secrétaire-d'État au département des Finances;

Notre Conseil-d'État entendu,

Avons décrété et décrétons ce qui suit :

ARTICLE PREMIER.

La Banque de France est autorisée à établir une Succursale à Toulon.

Les opérations de cette Succursale seront les mêmes que celles de la Banque de France, et seront exécutées sous la direction et la surveillance du Conseil général, conformément aux dispositions de l'Ordonnance royale du **25 Mars 1841**.

ARTICLE 2.

Notre Ministre Secrétaire-d'État au département des Finances est chargé de l'exécution du présent Décret.

Fait au Palais des Tuileries, le 18 Avril 1853.

NAPOLÉON.

Par l'Empereur :

Le Ministre Secrétaire-d'État au département des Finances,

Signé : BINEAU.

DÉCRET

Qui autorise la Banque de France à établir une Succursale à Nancy.

(Du 18 Avril 1853.)

NAPOLÉON, par la grâce de Dieu et la volonté nationale, Empereur des Français,

A tous présents et à venir, salut :

Vu le Décret du 3 Mars 1852 portant prorogation du privilége de la Banque de France ;

Vu les articles 9, 42 et 43 du Décret du 18 Mai 1808, l'article 6 de la Loi du 30 Juin 1840, et l'Ordonnance royale du 25 Mars 1841, relatifs à l'organisation des Comptoirs d'Escompte de la Banque de France ;

Vu le Décret du 16 Janvier 1808, la Loi du 17 Mai 1834 et l'Ordonnance du 15 Juin suivant ;

Vu la Délibération du 17 Mars 1853, par laquelle le Conseil général de la Banque de France demande l'autorisation d'établir une Succursale à Nancy ;

Vu les pièces de l'instruction, et notamment la lettre écrite, le 18 Septembre 1852, à M. le Ministre de l'Intérieur, de l'Agriculture et du Commerce, par les membres du Tribunal de commerce et de la Chambre consultative des arts et manufactures de Nancy;

Sur le rapport de notre Ministre Secrétaire-d'État au département des Finances;

Notre Conseil-d'État entendu,

Avons décrété et décrétons ce qui suit :

ARTICLE PREMIER.

La Banque de France est autorisée à établir une Succursale à Nancy.

Les opérations de cette Succursale seront les mêmes que celles de la Banque de France, èt seront exécutées sous la direction et la surveillance du Conseil général, conformément aux dispositions de l'Ordonnance royale du 25 Mars 1841.

ARTICLE 2.

Notre Ministre Secrétaire-d'État au département des Finances est chargé de l'exécution du présent Décret.

Fait au Palais des Tuileries, le 18 Avril 1853.

NAPOLÉON.

Par l'Empereur :

Le Ministre Secrétaire-d'État au département des Finances,

Signé : BINEAU.

DÉCRET

*Qui autorise la Banque de France à établir une succursale
à Nevers.*

(Du 14 Décembre 1853.)

—————

Napoléon, par la grâce de Dieu et la volonté nationale, Empereur des Français,

A tous présents et à venir, salut :

Sur le Rapport de notre Ministre Secrétaire-d'État au département des Finances ;

Vu le Décret du 3 Mars 1852, portant prorogation du Privilége de la Banque de France ;

Vu les articles 9, 42 et 43 du Décret du 18 Mai 1808, l'article 6 de la Loi du 30 Juin 1840, et l'Ordonnance royale du 25 Mars 1841, relatifs à l'organisation des Comptoirs d'Escompte de la Banque de France ;

Vu le Décret du 16 Janvier 1808, la Loi du 17 Mai 1834 et l'Ordonnance du 15 Juin suivant ;

Vu la Délibération du 6 Octobre 1853, par laquelle le Conseil général de la Banque de France demande l'autorisation d'établir une Succursale à Nevers ;

Vu les pièces de l'instruction, et notamment les demandes formées les 6 Juillet et 17 Août 1853, par le Maire de la ville de Nevers et par la Chambre consultative des Arts et manufactures de la même ville ;

Notre Conseil-d'État entendu,

Avons décrété et décrétons ce qui suit :

ARTICLE PREMIER.

La Banque de France est autorisée à établir une Succursale à Nevers.

Les opérations de cette Succursale seront les mêmes que celles de la Banque de France, et seront exécutées sous la direction et la surveillance du Conseil général, conformément aux dispositions de l'Ordonnance royale du 25 Mars 1841.

ARTICLE 2.

Notre Ministre Secrétaire-d'État au département des Finances est chargé de l'exécution du présent Décret.

Fait au Palais des Tuileries, le 14 Décembre 1853.

Signé : NAPOLÉON.

Par l'Empereur :

Le Ministre Secrétaire-d'État au département des Finances,

Signé : BINEAU.

DÉCRET

*Qui autorise la Banque de France à établir une Succursale
à Dijon.*

(Du 13 Juin 1855.)

⁓⁓⁓

NAPOLÉON, par la grâce de Dieu et la volonté nationale, Empereur des Français,

A tous présents et à venir, salut :

Sur le Rapport de notre Ministre Secrétaire-d'État au département des Finances ;

Vu la Loi du 30 Juin 1840 et le Décret du 3 Mars 1852, portant prorogation du Privilége de la Banque de France ;

Vu l'article 10 du Décret du 16 Janvier 1808, le Décret du 18 Mai de la même année et l'Ordonnance royale du 25 Mars 1831, concernant les Comptoirs d'Escompte de la Banque de France ;

Vu la Délibération du 3 Mai 1855, par laquelle le Conseil général de la Banque de France demande l'autorisation d'établir une Succursale à Dijon ;

Vu les pièces de l'instruction, et notamment la Délibération du Conseil municipal de Dijon, en date du 10 Mai 1852, la Lettre de la Chambre de commerce de ladite ville, du 6 Novembre 1853, et le Rapport présenté au Conseil général de la Banque de France dans la séance du 3 Mai 1855 ;

Notre Conseil-d'État entendu,

Avons décrété et décrétons ce qui suit :

ARTICLE PREMIER.

La Banque de France est autorisée à établir une Succursale à Dijon.

Les opérations de cette Succursale seront les mêmes que celles de la Banque de France, et seront exécutées sous la direction du Conseil général, conformément aux dispositions de l'Ordonnance royale du 25 Mars 1841.

ARTICLE 2.

Notre Ministre Secrétaire-d'État au département des Finances est chargé de l'exécution du présent Décret.

Fait au Palais des Tuileries, le 13 juin 1855.

Signé : NAPOLÉON.

Par l'Empereur :

Le Ministre Secrétaire-d'État au département des Finances,

Signé : P. MAGNE.

DÉCRET

*Qui autorise la Banque de France à établir une Succursale
à Dunkerque.*

(Du 13 Juin 1855.)

—————

Napoléon, par la grâce de Dieu et la volonté nationale, Empe-
reur des Français,

A tous présents et à venir, salut :

Sur le Rapport de notre Ministre Secrétaire-d'État au départe-
ment des Finances ;

Vu la Loi du 30 Juin 1840 et le Décret du 3 Mars 1852,
portant prorogation du Privilége de la Banque de France ;

Vu l'article 10 du Décret du 16 Janvier 1808, le Décret du
18 Mai de la même année et l'Ordonnance royale du 25 Mars
1841, concernant les Comptoirs d'Escompte de la Banque de
France ;

Vu la Délibération du 3 Mai 1855, par laquelle le Conseil
général de la Banque de France demande l'autorisation d'établir
une Succursale à Dunkerque ;

Vu les pièces de l'instruction, et notamment la Lettre de la
Chambre de commerce de Dunkerque, en date du 14 Décembre

1853, et le Rapport présenté au Conseil général de la Banque de France dans la séance du 3 Mai 1855 ;

Notre Conseil-d'État entendu,

Avons décrété et décrétons ce qui suit :

ARTICLE PREMIER.

La Banque de France est autorisée à établir une Succursale à Dunkerque.

Les opérations de cette Succursale seront les mêmes que celles de la Banque de France, et seront exécutées sous la direction du Conseil général, conformément aux dispositions de l'Ordonnance royale du 25 Mars 1841.

ARTICLE 2.

Notre Ministre Secrétaire-d'État au département des Finances est chargé de l'exécution du présent Décret.

Fait au Palais des Tuileries, le 13 Juin 1855.

Signé : NAPOLÉON.

Par l'Empereur :

Le Ministre Secrétaire-d'État au département des Finances,

Signé : P. MAGNE.

DÉCRET

*Qui autorise la Banque de France à établir une Succursale
à Arras.*

(Du 13 Juin 1855.)

NAPOLÉON, par la grâce de Dieu et la volonté nationale, Empereur des Français,

À tous présents et à venir, salut :

Sur le Rapport de notre Ministre Secrétaire-d'État au département des Finances ;

Vu la Loi du 30 Juin 1840 et le Décret du 3 Mars 1852, portant prorogation du Privilége de la Banque de France ;

Vu l'article 10 du Décret du 16 Janvier 1808, le Décret du 18 Mai de la même année et l'Ordonnance royale du 25 Mars 1841, concernant les Comptoirs d'Escompte de la Banque de France ;

Vu la Délibération du 3 Mai 1855, par laquelle le Conseil général de la Banque de France demande l'autorisation d'établir une Succursale à Arras ;

Vu les pièces de l'instruction, et notamment la Lettre de la Chambre de commerce d'Arras, en date du 17 Mars 1855, et le

Rapport présenté au Conseil général de la Banque de France dans la séance du 3 Mai 1855;

Notre Conseil-d'État entendu,

Avons décrété et décrétons ce qui suit:

ARTICLE PREMIER.

La Banque de France est autorisée à établir une Succursale à Arras.

Les opérations de cette Succursale seront les mêmes que celles de la Banque de France, et seront exécutées sous la direction du Conseil général, conformément aux dispositions de l'Ordonnance royale du 25 Mars 1841.

ARTICLE 2.

Notre Ministre Secrétaire-d'État au département des Finances est chargé de l'exécution du présent Décret.

Fait au Palais des Tuileries, le 13 Juin 1855.

Signé : NAPOLÉON.

Par l'Empereur :

Le Ministre Secrétaire-d'État au département des Finances,

Signé : P. MAGNE.

DÉCRET

*Qui autorise la Banque de France à établir une Succursale
à Saint-Lô.*

(Du 29 Novembre 1856.)

⎯⎯⎯

Napoléon, par la grâce de Dieu et la volonté nationale, Empereur des Français,

A tous présents et à venir, salut :

Sur le Rapport de notre Ministre Secrétaire-d'État au département des Finances ;

Vu la Loi du 30 Juin 1840 et le Décret du 3 Mars 1852, portant prorogation du Privilége de la Banque de France ;

Vu l'article 10 du Décret du 16 Janvier 1808, le Décret du 18 Mai de la même année et l'Ordonnance royale du 25 Mars 1841, concernant les Comptoirs d'Escompte de la Banque ;

Vu la Délibération du 10 Juillet 1856, par laquelle le Conseil général de la Banque demande l'autorisation d'établir une Succursale à Saint-Lô ;

Vu les pièces de l'instruction, et notamment l'extrait de la délibération du Conseil de l'arrondissement de Saint-Lô du

30

18 Août 1849, et l'extrait de la délibération du Conseil général du département de la Manche, du 30 Août 1854;

Notre Conseil-d'État entendu,

Avons décrété et décrétons ce qui suit :

ARTICLE PREMIER.

La Banque de France est autorisée à établir une Succursale à Saint-Lô.

Les opérations de cette Succursale seront les mêmes que celles de la Banque de France, et seront exécutées sous la direction du Conseil général, conformément aux dispositions de l'Ordonnance royale du 25 Mars 1841.

ARTICLE 2.

Notre Ministre Secrétaire-d'État au département des Finances est chargé de l'exécution du présent Décret.

Fait au Palais de Saint-Cloud, le 29 Novembre 1856.

Signé : NAPOLÉON.

Par l'Empereur :

Le Ministre Secrétaire-d'État au département des Finances,

Signé : P. MAGNE.

DÉCRET

*Qui autorise la Banque de France à établir une Succursale
à Poitiers.*

(Du 29 Novembre 1856.)

NAPOLÉON, par la grâce de Dieu et la volonté nationale, Empereur des Français,

A tous présents et à venir, salut :

Sur le Rapport de notre Ministre Secrétaire-d'État au département des Finances ;

Vu la Loi du 30 Juin 1840 et le Décret du 3 Mars 1852, portant prorogation du Privilége de la Banque de France ;

Vu l'article 10 du Décret du 16 Janvier 1808, le Décret du 18 Mai de la même année et l'Ordonnance royale du 25 Mars 1841, concernant les Comptoirs d'Escompte de la Banque ;

Vu la Délibération du 10 Juillet 1856, par laquelle le Conseil général de la Banque demande l'autorisation d'établir une Succursale à Poitiers ;

Vu les pièces de l'instruction, et notamment la Lettre de la

Chambre consultative des arts et manufactures de Poitiers, en date du 28 Mars 1856 ;

Notre Conseil-d'État entendu,

Avons décrété et décrétons ce qui suit :

ARTICLE PREMIER.

La Banque de France est autorisée à établir une Succursale à Poitiers.

Les opérations de cette Succursale seront les mêmes que celles de la Banque de France, et seront exécutées sous la direction du Conseil général, conformément aux dispositions de l'Ordonnance royale du 25 Mars 1841.

ARTICLE 2.

Notre Ministre Secrétaire-d'État au département des Finances est chargé de l'exécution du présent Décret.

Fait au Palais de Saint-Cloud, le 29 Novembre 1856.

Signé : NAPOLÉON.

Par l'Empereur :

Le Ministre Secrétaire-d'État au département des Finances,

Signé : P. MAGNE.

DÉCRET

Qui autorise la Banque de France à établir une Succursale à Carcassonne.

(Du 29 Novembre 1856.)

———✶✶✶✶———

NAPOLÉON, par la grâce de Dieu et la volonté nationale, Empereur des Français,

A tous présents et à venir, salut :

Sur le rapport de notre Ministre Secrétaire-d'État au département des Finances ;

Vu la Loi du 30 Juin 1840 et le Décret du 3 Mars 1852, portant prorogation du Privilége de la Banque de France ;

Vu l'article 10 du Décret du 16 Janvier 1808, le Décret du 18 Mai de la même année et l'Ordonnance royale du 25 Mars 1841, concernant les Comptoirs d'Escompte de la Banque ;

Vu la Délibération du 10 Juillet 1856, par laquelle le Conseil général de la Banque demande l'autorisation d'établir une Succursale à Carcassonne ;

Vu les pièces de l'instruction, et notamment la lettre de la Chambre de commerce de Carcassonne, en date du 19 Mai 1856 :

Notre Conseil-d'État entendu,

Avons décrété et décrétons ce qui suit :

ARTICLE PREMIER.

La Banque de France est autorisée à établir une Succursale à Carcassonne.

Les opérations de cette Succursale seront les mêmes que celles de la Banque de France, et seront exécutées sous la direction du Conseil général, conformément aux dispositions de l'Ordonnance royale du 25 Mars 1841.

ARTICLE 2.

Notre Ministre Secrétaire-d'État au département des Finances est chargé de l'exécution du présent Décret.

Fait au Palais de Saint-Cloud, le 29 Novembre 1856.

Signé : NAPOLÉON.

Par l'Empereur :

Le Ministre Secrétaire-d'État au département des Finances,

Signé : P. MAGNE.

LOI

Portant prorogation du privilége de la Banque de France.

(Loi du 9 Juin 1857.)

Napoléon, par la grâce de Dieu et la volonté nationale, Empereur des Français,

A tous présents et à venir, salut,

Avons sanctionné et sanctionnons, promulgué et promulguons ce qui suit :

LOI.

Extrait du procès-verbal du Corps législatif.

Le Corps législatif a adopté le projet de loi dont la teneur suit :

Article premier.

Le privilége conféré à la Banque par les lois des 24 germinal an XI (22 Avril 1806) et 30 Juin 1840, dont la durée expirait le 31 Décembre 1867, est prorogé de trente ans, et ne prendra fin que le 31 Décembre 1897.

31

ARTICLE 2.

Le capital de la Banque, représenté aujourd'hui par quatre-vingt-onze mille deux cent cinquante actions, sera représenté désormais par cent quatre-vingt-deux mille cinq cents actions, d'une valeur nominative de mille francs chacune, non compris le fonds de réserve.

ARTICLE 3.

Les quatre-vingt-onze mille deux cent cinquante actions nouvellement créées seront exclusivement attribuées aux propriétaires des quatre-vingt-onze mille deux cent cinquante actions actuellement existantes, lesquels devront en verser le prix à raison de onze cents francs par action dans les caisses de la Banque, trimestre par trimestre, dans le délai d'un an au plus tard, à partir de la promulgation de la présente loi.

L'époque du premier payement et les conditions auxquelles les actionnaires pourront être admis à anticiper les payements ultérieurs seront fixées par une décision de la Banque.

ARTICLE 4.

Le produit de ces nouvelles actions sera affecté, jusqu'à concurrence de quatre-vingt-onze millions deux cent cinquante mille francs, à la formation du capital déterminé par l'article 2, et, pour le surplus, à l'augmentation du fonds de réserve actuellement existant.

ARTICLE 5.

Sur le produit desdites actions, une somme de cent millions sera versée au Trésor public dans le courant de 1859, aux époques qui seront convenues entre le Ministre des Finances et la Banque.

Cette somme sera portée en atténuation des découverts du Trésor.

Le Ministre des Finances est autorisé à faire inscrire sur le grand-livre de la dette publique la somme de rentes trois pour cent nécessaire pour l'emploi de ladite somme de cent millions.

Un fonds d'amortissement du centième du capital nominal desdites rentes sera ajouté à la dotation de la Caisse d'amortissement.

Les rentes seront transférées à la Banque de France au cours moyen du mois qui précédera chaque versement, sans que ce prix puisse être inférieur à soixante-quinze francs.

Article 6.

Sur les rentes inscrites au Trésor au nom de la Caisse d'amortissement, et provenant des consolidations du fonds de réserve de l'amortissement, il sera rayé du grand-livre de la dette publique une somme égale à celle des rentes créées par l'article précédent.

Les rentes seront définitivement annulées en capital et arrérages, à dater du jour où les rentes nouvelles seront transférées à la Banque.

Article 7.

La faculté accordée à la Banque de faire des avances sur effets publics français, sur actions et obligations de chemins de fer français, sur obligations de la ville de Paris, est étendue aux obligations émises par la société du Crédit foncier de France.

Les dispositions générales qui régleront le mode d'exécution
du paragraphe précédent devront être approuvées par un décret.

ARTICLE 8.

La Banque de France pourra, si les circonstances l'exigent,
élever au-dessus de six pour cent le taux de ses escomptes et l'in-
térêt de ses avances.

Les bénéfices qui seront résultés, pour la Banque, de l'exercice
de cette faculté, seront déduits des sommes annuellement parta-
geables entre les actionnaires et ajoutés au fonds social.

ARTICLE 9.

La Banque de France aura la faculté d'abaisser à cinquante
francs la moindre coupure de ses billets.

ARTICLE 10.

Dix ans après la promulgation de la présente loi, le Gouverne-
ment pourra exiger de la Banque de France qu'elle établisse une
succursale dans les départements où il n'en existerait pas.

ARTICLE 11.

Les intérêts qui seront dus par le Trésor, à raison de son
compte courant, seront réglés sur le taux fixé par la Banque pour
l'escompte du papier de commerce, mais sans qu'ils puissent
excéder trois pour cent.

ARTICLE 12.

Un règlement d'administration publique déterminera, à l'égard

des actionnaires incapables et des actionnaires en retard de verse-
ment, les mesures nécessaires à l'exécution de la présente loi.

Délibéré en séance publique, à Paris, le 28 Mai 1857.

Le Président,

Signé : SCHNEIDER.

Les Secrétaires,

Signé : Comte JOACHIM MURAT, marquis de
CHAUMONT-QUITRY, ED. DALLOZ.

Extrait du procès-verbal du Sénat.

Le Sénat ne s'oppose pas à la promulgation de la loi ayant
pour objet la prorogation du privilége de la Banque de France.

Délibéré et voté en séance, au palais du Sénat, le 8 Juin 1857.

Le Président,

Signé : TROPLONG.

Les Secrétaires,

Signé : A. duc DE PADOUE, le comte LE MAROIS,
baron T. DE LACROSSE.

Vu et scellé du sceau du Sénat,

Signé : Baron T. DE LACROSSE.

Mandons et ordonnons que les présentes, revêtues du sceau de l'État et insérées au Bulletin des lois, soient adressées aux Cours, aux Tribunaux et aux Autorités administratives, pour qu'ils les inscrivent sur leurs registres, les observent et les fassent observer, et notre Ministre Secrétaire-d'État au département de la Justice est chargé d'en surveiller la publication.

Fait au palais de Saint-Cloud, le 9 Juin 1857.

Signé : NAPOLÉON.

Par l'Empereur :

Le Ministre d'État,

Signé : ACHILLE FOULD.

Vu et scellé du grand sceau.

Le Garde des Sceaux, Ministre Secrétaire-d'État
au département de la Justice,

Signé : ABATUCCI.

Certifié conforme :

Paris, le 10 Juin 1857.

Le Garde des Sceaux, Ministre Secrétaire-d'État
au département de la Justice,

Signé : ABATUCCI.

DÉCRET

Concernant l'époque d'exigibilité de chaque versement trimestriel à effectuer par les actionnaires de la Banque de France.

(Du 20 Juillet 1857.)

NAPOLÉON, par la grâce de Dieu et la volonté nationale, Empereur des Français,

A tous présents et à venir, salut :

Vu la Loi du 9 Juin 1857 ;

Vu les Statuts de la Banque ;

Vu l'Ordonnance du 15 Juin 1834 ;

Notre Conseil d'État entendu,

Avons décrété et décrétons ce qui suit :

ARTICLE PREMIER.

Le Conseil général de la Banque publiera au *Moniteur* l'époque d'exigibilité de chaque versement trimestriel à effectuer par les actionnaires de la Banque, en exécution de l'article 3 de la Loi du 9 Juin 1857.

ARTICLE 2.

A défaut, par l'actionnaire de la Banque, d'opérer ces versements aux termes fixés, l'intérêt courra de plein droit à sa charge,

32

à raison de 5 pour 100 par an, à compter du jour de l'exigibilité, sans demande en justice.

L'actionnaire en retard de versement sera mis en demeure d'effectuer son payement, soit par avis inséré au *Moniteur,* s'il demeure hors de France, soit par acte extra-judiciaire.

Quinze jours après, la Banque aura le droit de faire vendre à la Bourse, soit l'action nouvelle, soit le nombre d'actions nouvelles qui sera nécessaire pour libérer le surplus des actions appartenant au titulaire.

Elle exercera ce droit nonobstant le décès de l'actionnaire et la survenance de tous cas d'incapacité légale.

Article 3.

Dans le cas prévu par l'article précédent, la Banque appliquera le produit de la vente :

1° A fournir le capital de 1,100 fr., ou ce qui resterait dû ;

2° A payer l'intérêt de retard à la charge de l'actionnaire sur les termes échus.

Le surplus, s'il en existe, sera versé à la Caisse des dépôts et consignations pour le compte de l'actionnaire.

Article 4.

Les titres provisoires et définitifs des actions nouvelles seront délivrés par la Banque sous les mêmes noms et qualités que les actions actuelles auxquelles ils se rapportent, et dont ils suivent la condition.

Article 5.

Pour les actions qui appartiennent à des personnes qui n'ont pas la libre disposition de leurs biens, le versement de 1,100 fr.

par action sera un simple acte d'administration, dispensé d'autorisations spéciales et de toute formalité de justice.

Il en sera de même de la vente du nombre d'actions nécessaire pour libérer les actions à conserver par ces actionnaires.

ARTICLE 6.

Pour les actions dotales ou autres appartenant à des actionnaires qui n'en ont pas la libre disposition, les versements que feront de leurs deniers personnels les maris, administrateurs, tuteurs ou curateurs, seront considérés comme des impenses nécessaires, et, à ce titre, ils donneront à celui qui les aura faits le privilége établi en l'article 2102, n° 3, du Code Napoléon, à la charge par lui de faire mentionner sur les registres de la Banque, au moment même du versement, la provenance des deniers avec lesquels ce versement a été opéré.

S'il s'agit d'actions immobilisées, ceux qui auront fait les payements pourront acquérir le privilége établi en l'article 2103, n° 2, du Code Napoléon, en faisant, en outre, insérer la déclaration de la provenance des deniers au bureau des hypothèques.

ARTICLE 7.

Le propriétaire d'actions immobilisées aura la faculté de vendre le nombre d'actions nécessaire pour libérer celles qu'il doit conserver et qui seront seules réputées immeubles.

ARTICLE 8.

Dans le cas prévu par le deuxième paragraphe de l'article 5 et par l'article 7, l'agent de change certificateur du transfert devra en employer le prix à la libération des actions conservées, et l'excédant, s'il en existe, sera par lui employé suivant les conditions qui régissent la capacité du titulaire, ou en rentes sur l'État.

ARTICLE 9.

Les dispositions de l'Ordonnance réglementaire du 15 Juin 1834 seront applicables aux avances faites sur les obligations du Crédit foncier.

ARTICLE 10.

Notre Ministre secrétaire d'État au département des Finances est chargé de l'exécution du présent décret.

Fait à Plombières, le 17 Juillet 1857.

Signé : **NAPOLÉON.**

Par l'Empereur :

Le Ministre secrétaire d'État au département des Finances par intérim,

Signé : ACHILLE FOULD.

DÉCRET

Qui autorise la Banque de France à établir une Succursale
à Sedan.

(Du 17 Juin 1857.)

NAPOLÉON, par la grâce de Dieu et la volonté nationale, Empereur des Français,

A tous présents et à venir, salut :

Sur le rapport de notre Ministre secrétaire d'État au département des Finances ;

Vu la Loi du 30 Juin 1840 et le Décret du 3 Mars 1852, portant prorogation du Privilége de la Banque de France ;

Vu l'article 10 du Décret du 16 Janvier 1808, le Décret du 18 Mai de la même année et l'Ordonnance royale du 25 Mars 1841, concernant les Comptoirs d'escompte de la Banque ;

Vu la Délibération du 22 Mai 1857, par laquelle le Conseil général de la Banque demande l'autorisation d'établir une Succursale à Sedan ;

Vu les pièces de l'instruction, et notamment la demande du

Tribunal de commerce de Sedan, en date du 14 Mai 1851, et la Délibération du Conseil municipal du 3 dudit mois :

Notre Conseil d'État entendu,

Avons décrété et décrétons ce qui suit :

ARTICLE PREMIER.

La Banque de France est autorisée à établir une Succursale à Sedan.

Les opérations de cette Succursale seront les mêmes que celles de la Banque de France, et seront exécutées sous la direction du Conseil général, conformément aux dispositions de l'Ordonnance royale du 25 Mars 1841.

ARTICLE 2.

Notre Ministre secrétaire d'État au département des Finances est chargé de l'exécution du présent Décret.

Fait à Saint-Cloud, le 17 Juin 1857.

NAPOLÉON.

Par l'Empereur :

Le Ministre de l'Agriculture, du Commerce et des Travaux publics, chargé par intérim du Ministère des Finances,

Signé : E. ROUHER.

DÉCRET

*Qui autorise la Banque de France à établir une Succursale
à Tours.*

(Du 17 Juin 1857.)

NAPOLÉON, par la grâce de Dieu et la volonté nationale, Empereur des Français,

A tous présents et à venir, salut :

Sur le rapport de notre Ministre secrétaire d'État au département des Finances ;

Vu la Loi du 30 Juin 1840 et le Décret du 3 Mars 1852, portant prorogation du Privilége de la Banque de France ;

Vu l'article 10 du Décret du 16 Janvier 1808, le Décret du 18 Mai de la même année et l'Ordonnance royale du 25 Mars 1841, concernant les Comptoirs d'escompte de la Banque ;

Vu la Délibération du 22 Mai 1857, par laquelle le Conseil général de la Banque demande l'autorisation d'établir une Succursale à Tours ;

Vu les pièces de l'instruction, et notamment la demande de la Chambre de commerce de Tours, en date du 25 Novembre

1856, et la Délibération du Conseil municipal de ladite ville, du 21 du même mois;

Notre Conseil d'État entendu,

Avons décrété et décrétons ce qui suit :

ARTICLE PREMIER.

La Banque de France est autorisée à établir une Succursale à Tours.

Les opérations de cette Succursale seront les mêmes que celles de la Banque de France, et seront exécutées sous la surveillance du Conseil général, conformément aux dispositions de l'Ordonnance royale du 25 Mars 1841.

ARTICLE 2.

Notre Ministre secrétaire d'État au département des Finances est chargé de l'exécution du présent Décret.

Fait à Saint Cloud, le 17 Juin 1857.

NAPOLÉON.

Par l'Empereur :

Le Ministre de l'Agriculture, du Commerce et des Travaux publics, chargé par intérim du Ministère des Finances,

Signé : E. ROUHER.

DÉCRET

*Qui autorise la Banque de France à établir une Succursale
à Bar-le-Duc.*

(Du 17 Juin 1857.)

NAPOLÉON, par la grâce de Dieu et la volonté nationale, Empereur des Français,

A tous présents et à venir, salut :

Sur le rapport de notre Ministre secrétaire d'État au département des Finances ;

Vu la Loi du 30 Juin 1840 et le Décret du 3 Mars 1852, portant prorogation du Privilége de la Banque de France ;

Vu l'article 10 du Décret du 16 Janvier 1808, le Décret du 18 Mai de la même année et l'Ordonnance royale du 25 Mars 1841, concernant les Comptoirs d'escompte de la Banque ;

Vu la Délibération du 22 Mai 1857, par laquelle le Conseil général de la Banque demande l'autorisation d'établir une Succursale à Bar-le-Duc ;

Vu les pièces de l'instruction, et notamment les lettres de la Chambre de commerce et de la Chambre consultative des arts et manufactures de Bar-le-Duc, en date des 16 Mars 1857 et 11 Octobre 1853 ;

Notre Conseil d'État entendu,

Avons décrété et décrétons ce qui suit :

ARTICLE PREMIER.

La Banque de France est autorisée à établir une Succursale à Bar-le-Duc.

Les opérations de cette Succursale seront les mêmes que celles de la Banque de France, et seront exécutées sous la direction du Conseil général, conformément aux dispositions de l'Ordonnance royale du 25 Mars 1841.

ARTICLE 2.

Notre Ministre secrétaire d'État au département des Finances est chargé de l'exécution du présent Décret.

Fait à Saint-Cloud, le 17 Juin 1857.

NAPOLÉON.

Par l'Empereur :

Le Ministre de l'Agriculture, du Commerce et des Travaux publics, chargé par intérim du Ministère des Finances,

Signé : E. ROUHER.

DÉCRET

*Qui autorise la Banque de France à établir une Succursale
à Laval.*

(Du 17 Juin 1857.)

NAPOLÉON, par la grâce de Dieu et la volonté nationale, Empereur des Français,

A tous présents et à venir, salut :

Sur le rapport de notre Ministre secrétaire d'État au département des Finances ;

Vu la Loi du 30 Juin 1840 et le Décret du 3 Mars 1852, portant prorogation du Privilége de la Banque de France ;

Vu l'article 10 du Décret du 16 Janvier 1808, le Décret du 18 mai de la même année, et l'Ordonnance royale du 25 Mars 1841, concernant les Comptoirs d'escompte de la Banque ;

Vu la délibération du 22 Mai 1857, par laquelle le Conseil général de la Banque demande l'autorisation d'établir une Succursale à Laval ;

Vu les pièces de l'instruction, et notamment la demande de la Chambre de commerce de Laval, en date du 10 Mai 1856 ;

Notre Conseil d'État entendu,

Avons décrété et décrétons ce qui suit :

ARTICLE PREMIER.

La Banque de France est autorisée à établir une Succursale à Laval.

Les opérations de cette Succursale seront les mêmes que celles de la Banque de France, et seront exécutées conformément aux dispositions de l'Ordonnance royale du 25 Mars 1841.

ARTICLE 2.

Notre Ministre secrétaire d'État au département des Finances est chargé de l'exécution du présent Décret.

Fait à Saint-Cloud, le 17 Juin 1857.

NAPOLÉON.

Par l'Empereur :

Le Ministre de l'Agriculture, du Commerce et des Travaux publics, chargé par intérim du Ministère des Finances,

Signé : E. ROUHER.

DÉCRET

*Qui autorise la Banque de France à établir une Succursale
à Agen.*

(Du 26 Juin 1858.)

⁂

Napoléon, par la grâce de Dieu et la volonté nationale, Empereur
des Français,

A tous présents et à venir, salut :

Sur le rapport de notre Ministre secrétaire d'État au département
des Finances ;

Vu la Loi du 30 Juin 1840 et le Décret du 3 Mars 1852, et la
Loi du 9 Juin 1857, portant prorogation du Privilége de la Banque
de France ;

Vu l'article 10 du Décret du 16 Janvier 1808, le Décret du 18
Mai de la même année, et l'Ordonnance royale du 25 Mars 1841,
concernant les Comptoirs d'escompte de la Banque ;

Vu la Délibération du 20 Mai 1858, par laquelle le Conseil général
de la Banque demande l'autorisation d'établir une Succursale à Agen
(Lot-et-Garonne) :

Vu les pièces de l'instruction, et notamment la lettre de la Chambre consultative des Arts et Manufactures d'Agen :

Notre Conseil d'État entendu,

Avons décrété et décrétons ce qui suit :

ARTICLE PREMIER.

La Banque de France est autorisée à établir une Succursale à Agen.

Les opérations de cette Succursale seront les mêmes que celles de la Banque de France, et seront exécutées sous la direction du Conseil général, conformément aux dispositions de l'Ordonnance royale du 25 Mars 1841.

ARTICLE 2.

Notre Ministre secrétaire d'État au département des Finances est chargé de l'exécution du présent Décret.

Fait au palais de Saint-Cloud, le 26 Juin 1858.

NAPOLÉON.

Par l'Empereur :

Le Ministre d'État et de la Maison de l'Empereur, chargé, par intérim, du département des Finances,

Signé : ACHILLE FOULD.

DÉCRET

*Qui autorise la Banque de France à établir une Succursale
à Bastia.*

(Du 26 Juin 1858.)

NAPOLÉON, par la grâce de Dieu et la volonté nationale, Empereur
des Français,

A tous présents et à venir, salut :

Sur le rapport de notre Ministre secrétaire d'État au département
des Finances ;

Vu la Loi du 30 Juin 1840, le Décret du 3 Mars 1852, et la Loi
du 9 Juin 1857 portant prorogation du Privilége de la Banque de
France ;

Vu l'article 10 du Décret du 16 Janvier 1808, le Décret du
18 Mai de la même année et l'Ordonnance royale du 25 Mars 1841,
concernant les Comptoirs d'escompte de la Banque ;

Vu la délibération du 20 Mai 1858, par laquelle le Conseil général
de la Banque demande l'autorisation d'établir une Succursale à Bastia
(Corse) ;

Vu les pièces de l'instruction et notamment la demande de la Chambre de commerce de Bastia, en date du 11 Juillet 1857 ;

Notre Conseil d'État entendu,

Avons décrété et décrétons ce qui suit :

ARTICLE PREMIER.

La Banque de France est autorisée à établir une Succursale à Bastia.

Les opérations de cette Succursale seront les mêmes que celles de la Banque de France, et seront exécutées sous la direction du Conseil général, conformément aux dispositions de l'Ordonnance royale du 25 Mars 1841.

ARTICLE 2.

Notre Ministre secrétaire d'État au département des Finances est chargé de l'exécution du présent Décret.

Fait au palais de Saint-Cloud, le 26 Juin 1858.

NAPOLÉON.

Par l'Empereur :

Le Ministre d'État et de la Maison de l'Empereur, chargé, par intérim, du Ministère des Finances,

Signé : ACHILLE FOULD.

DÉCRET

*Qui autorise la Banque de France à établir une Succursale
à Bayonne.*

(Du 26 Juin 1858.)

Napoléon, par la grâce de Dieu et la volonté nationale, Empereur
des Français,

A tous présents et à venir, salut :

Sur le rapport de notre Ministre secrétaire d'État au département
des Finances;

Vu la Loi du 30 Juin 1840, le Décret du 3 Mars 1852 et la Loi
du 9 Juin 1857, portant prorogation du Privilége de la Banque de
France;

Vu l'article 10 du Décret du 16 Janvier 1808, le Décret du
18 mai de la même année, et l'Ordonnance royale du 25 Mars 1841
concernant les Comptoirs d'escompte de la Banque;

Vu la Délibération du 20 Mai 1858, par laquelle le Conseil général
de la Banque demande l'autorisation d'établir une Succursale à
Bayonne (Basses-Pyrénées);

Vu les pièces de l'instruction, et notamment la demande de la Chambre de commerce de Bayonne, en date du 3 Juin 1857;

Notre Conseil d'État entendu,

Avons décrété et décrétons ce qui suit :

ARTICLE PREMIER.

La Banque de France est autorisée à établir une Succursale à Bayonne.

Les opérations de cette Succursale seront les mêmes que celles de la Banque de France, et seront exécutées sous la direction du Conseil général, conformément aux dispositions de l'Ordonnance royale du 25 Mars 1841.

ARTICLE 2.

Notre Ministre secrétaire d'État au département des Finances est chargé de l'exécution du présent Décret.

Fait au palais de Saint-Cloud, le 26 juin 1858.

NAPOLÉON.

Par l'Empereur :

Le Ministre d'État et de la Maison de l'Empereur, chargé, par intérim, du Ministère des Finances,

Signé : ACHILLE FOULD.

DÉCRET

*Qui autorise la Banque de France à établir une Succursale
à Brest.*

(Du 26 Juin 1858.)

~~~~

NAPOLÉON, par la grâce de Dieu et la volonté nationale, Empereur
des Français,

A tous présents et à venir, salut :

Sur le rapport de notre Ministre secrétaire d'État au département
des Finances ;

Vu la Loi du 30 Juin 1840, le Décret du 3 Mars 1852, et la
Loi du 9 Juin 1857, portant prorogation du Privilége de la Banque
de France ;

Vu l'article 10 du Décret du 16 Janvier 1808, le Décret du
18 Mai de la même année et l'Ordonnance royale du 25 Mars 1841.
concernant les Comptoirs d'escompte de la Banque ;

Vu la Délibération du 20 Mai 1858, par laquelle le Conseil
général de la Banque demande l'autorisation d'établir une Succursale
à Brest (Finistère) ;
~~~~

Vu les pièces de l'instruction, et notamment la demande de la chambre de commerce de Brest, en date du 11 Juillet 1857;

Notre Conseil d'État entendu,

Avons décrété et décrétons ce qui suit :

ARTICLE PREMIER.

La Banque de France est autorisée à établir une Succursale à Brest.

Les opérations de cette Succursale seront les mêmes que celles de la Banque de France, et seront exécutées sous la direction du Conseil général, conformément aux dispositions de l'Ordonnance royale du 25 Mars 1841.

ARTICLE 2.

Notre Ministre secrétaire d'État au département des Finances est chargé de l'exécution du présent Décret.

Fait au palais de Saint-Cloud, le 26 juin 1858.

NAPOLÉON.

Par l'Empereur :

Le Ministre d'État et de la Maison de l'Empereur, chargé, par intérim, du Ministère des Finances,

Signé : ACHILLE FOULD.

www.ingramcontent.com/pod-product-compliance
Lightning Source LLC
LaVergne TN
LVHW021145050726
842519LV00002B/512